L'ENFANCE

PARIS. — TYP. SIMON RAÇON ET Cᵉ, RUE D'ERFURTH.

A. LAMARTINE.

L'ENFANCE

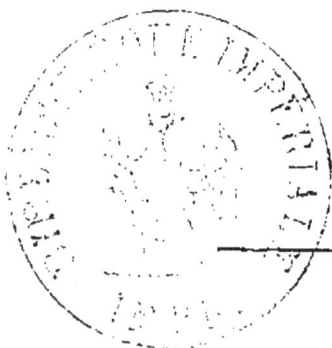

PARIS

LIBRAIRIE NOUVELLE

BOULEVARD DES ITALIENS, 15, EN FACE LA MAISON DORÉE.

1853

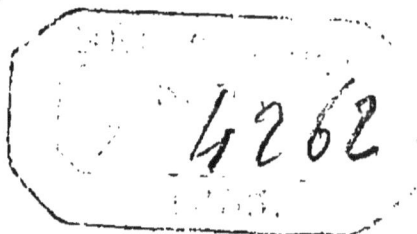

L'ENFANCE.

A M. ***.

I

Vous voulez connaître la première moitié de
ma vie ! car vous m'aimez ; mais vous ne m'aimez
que dans le présent et dans l'avenir ; mon passé
vous échappe ; c'est une part de moi qui vous est
ravie, il faut vous la restituer. Et moi aussi il
me sera quelquefois doux, souvent pénible, de
remonter pour vous et avec vous seul jusqu'à ces
sources vives et voilées de mon existence, de
mes sentiments, de mes pensées. Quand le fleuve
est troublé et ne roule plus que des ondes tu-
multueuses et déjà amères, entre des sables
arides, avant de les perdre dans l'Océan commun, qui n'aimerait à remonter flot à flot et vallée par vallée les longues sinuosités de son

cours, pour admirer de l'œil et puiser dans le
creux de sa main ses premières ondes sortant du
rocher, cachées sous les feuilles, fraîches comme
la neige d'où elles pleuvent, bleues et profondes
comme le ciel de la montagne qui s'y réfléchit?
Ah! ce que vous me demandez de faire sera un
délicieux rafraîchissement pour mon âme, en
même temps qu'une curiosité tendre et satisfaite
pour vous. Je touche à ce point indécis de la vie
humaine où, arrivé au milieu des années que
Dieu mesure ordinairement aux hommes les plus
favorisés, on est un moment comme suspendu
entre les deux parts de son existence, ne sachant
pas bien si l'on monte encore ou si l'on commence déjà à descendre. C'est l'heure de s'arrê-
ter un moment, si l'on prend encore quelque
intérêt à soi-même, ou, si un autre en prend
encore à vous, de jeter quelques regards en arrière et de ressaisir, à travers les ombres qui
commencent déjà à s'étendre et à vous les dispu-
ter, les sites, les heures, les personnes, les
douces mémoires que le soir efface et qu'on voudrait faire revivre à jamais dans le cœur d'un
autre, comme elles vivent à jamais dans votre
propre cœur. Mais, au moment de commencer
pour vous à déplier ces plis si intimes et si soi-
gneusement fermés de mes souvenirs, je sens des
flots de tendresse, de mélancolie et de douleur,
monter tout brûlants du fond de ma poitrine et
me fermer presque la voix avec tous les sanglots
de ma vie passée; ils étaient comme endormis,
mais ils n'étaient pas morts; peut-être ai-je tort

de les remuer, peut-être ne pourrai-je pas con-
tinuer. Le silence est le linceul du passé; il est
quelquefois impie, souvent dangereux de le soulever. Mais, lors même qu'on le soulève pieusement et avec amour, le .premier moment est
cruel. Avez-vous passé quelquefois par une de
ces plus terribles épreuves de la vie? J'y ai passé
deux fois, moi, et je n'y pense jamais sans un
frisson.

La mort vous a enlevé par une surprise, et en
votre absence, un des êtres dans lequel vous vi-
viez le plus vous-même, une mère, un enfant,
une femme adorée. Rappelé par la fatale nouvelle, vous arrivez avant que la terre ait reçu le
dépôt sacré de ce corps à jamais endormi. Vous
franchissez le seuil, vous montez l'escalier, vous
entrez dans la chambre, on vous laisse seul avec
Dieu et la mort. Vous tombez à genoux auprès
du lit, vous restez des heures entières les bras
étendus, le visage collé contre les rideaux de la
couche funèbre. Vous vous relevez enfin; vous
faites çà et là quelques pas dans la chambre.
Vous vous approchez, vous vous éloignez tour à
tour de ce lit où un drap blanc, affaissé sur un
corps immobile, dessine les formes de l'être que
vous ne reverrez plus jamais. Un doute horrible
vous saisit : je puis soulever le linceul, je puis
voir encore une fois le visage adoré. Faut-il le
revoir tel que la mort l'a fait? Faut-il baiser ce
front à travers la toile, et ne revoir jamais ce
visage disparu que dans sa mémoire et avec la
couleur, le regard et la physionomie que la vie

lui donnait? Lequel vaut mieux pour la consolation de celui qui survit, pour le culte de celui
qui est mort? Problème douloureux! Je conçois
trop qu'on se le pose et qu'on le résolve diffé-
remment. Quant à moi, je me le suis posé, mais
l'instinct a toujours prévalu sur le raisonnement.
J'ai voulu revoir, j'ai revu! Et la tendre piété du
souvenir que je voulais imprimer en moi n'en a
point été altérée : la mémoire du visage animé et
vivant, se confondant dans ma pensée avec la
mémoire du visage immobile et comme sculpté
en marbre par la mort, a laissé pour mon âme,
sur ces visages pétrifiés dans ma tendresse,
quelque chose de palpitant comme la vie, et d'im-
muable comme l'immortalité.

J'éprouve quelque chose de ce sentiment d'hésitation en rouvrant pour vous ce livre scellé de
ma mémoire. Sous ce voile de l'oubli il y a une
morte : c'est ma jeunesse! Que d'images délicieuses, mais aussi que de regrets saignants se
ranimeront avec elle! N'importe ; vous la voulez, je vous obéis. Dans quelle main plus douce
et plus pieuse pourrais-je remettre, pour les
conserver quelques jours, les cendres encore
tièdes de ce qui fut mon cœur?

Mon Dieu! j'ai souvent regretté d'être né! j'ai
souvent désiré de reculer jusqu'au néant, au lieu
d'avancer, à travers tant de mensonges, tant de
souffrances et tant de pertes successives, vers
cette perte de nous-mêmes que nous appelons la
mort! Cependant, même dans ces moments où
le désespoir l'emporte sur la raison et où l'on

oublie que la vie est un travail imposé pour nous
achever nous-mêmes, je me suis toujours dit :
Il y a quelque chose que je regretterais de n'a-
voir pas goûté, c'est le lait d'une mère, c'est
l'affection d'un père, c'est cette parenté des
âmes et des cœurs avec des frères; ce sont les
tendresses, les joies et mêmes les tristesses de
la famille! La famille est évidemment un second
nous-mêmes, plus grand que nous-mêmes, exis-
tant avant nous et nous survivant avec ce qu'il y
a de meilleur de nous ; c'est l'image de la sainte
et amoureuse unité des êtres révélée par le petit
groupe d'êtres qui tiennent les uns aux autres et
rendue visible par le sentiment! J'ai souvent
compris qu'on voulût étendre la famille; mais la
détruire!... c'est un blasphème contre la nature
et une impiété contre le cœur humain! Où s'en
iraient toutes ces affections qui sont nées là et
qui ont leur nid sous le toit paternel! La vie
n'aurait point de source, elle ne saurait d'où elle
vient ni où elle va. Toutes ces tendresses de
l'âme deviendraient des abstractions de l'intelligence. Ah! le chef-d'œuvre de Dieu, c'est d'avoir
fait que ses lois les plus conservatrices de l'humanité fussent en même temps les sentiments les
plus délicieux de l'individu ! Tant qu'on n'aime
pas, on ne comprend pas !

Heureux celui que Dieu a fait naître d'une
bonne et sainte famille ! c'est la première des bénédictions de la destinée; et quand je dis une
bonne famille, je n'entends pas une famille noble
de cette noblesse que les hommes honorent et

qu'ils enregistrent sur du parchemin. Il y a une
noblesse dans toutes les conditions. J'ai connu
des familles de laboureurs où cette pureté de
sentiments, où cette chevalerie de probité, où
cette fleur de délicatesse, où cette légitimité des
traditions qu'on appelle la noblesse, étaient aussi
visibles dans les actes, dans les traits, dans le
langage, dans les manières, qu'elles le furent
jamais dans les plus hautes races de la monarchie. Il y a la noblesse de la nature comme celle
de la société, et c'est la meilleure. Peu importe à
quel étage de la rue ou de quelle grandeur dans
les champs soit le foyer domestique, pourvu qu'il
soit le refuge de la piété, de l'intégrité et des
tendresses de la famille qui s'y perpétue! La
prédestination de l'enfant, c'est la maison où il
est né; son âme se compose surtout des impressions qu'il y a reçues. Le regard des yeux de
notre mère est une partie de notre âme qui pé-
nètre en nous par nos propres yeux. Quel est
celui qui, en revoyant ce regard seulement en
songe ou en idée, ne sent pas descendre dans sa
pensée quelque chose qui en apaise le trouble et
qui en éclaire la sérénité?
    Dieu m'a fait la grâce de naître dans une de ces
familles de prédilection qui sont comme un sanctuaire de piété où l'on ne respire que la bonne
odeur que quelques générations y ont répandue
en traversant successivement la vie; famille sans
grand éclat, mais sans tache, placée par la Providence à un de ces rangs intermédiaires de la
société où l'on tient à la fois à la noblesse par le

nom et au peuple par la modicité de la fortune,
par la simplicité de la vie et par la résidence à la
campagne, au milieu des paysans, dans les
mêmes habitudes et à peu près dans les mêmes
travaux. Si j'avais à renaître sur cette terre, c'est
encore là que que je voudrais renaître. On y est
bien placé pour voir et pour comprendre les conditions diverses de l'humanité... au milieu. Pas
assez haut pour être envié, pas assez bas pour
être dédaigné ; point juste et précis où se ren-
contrent et se résument dans les conditions hu-
maines l'élévation des idées que produit l'élévation du point de vue, le naturel des sentiments
que conserve la fréquentation de la nature.

Sur les bords de la Saône, en remontant son
cours, à quelques lieues de Lyon, s'élève entre
des villages et des prairies, au penchant d'un co-
teau à peine renflé au-dessus des plaines, la
ville petite mais gracieuse de Mâcon. Deux clochers gothiques, décapités par la révolution et
minés par le temps, attirent l'œil et la pensée
du voyageur qui descend vers la Provence ou
vers l'Italie, sur les bateaux à vapeur dont la rivière est tout le jour sillonnée. Au-dessous de ces
ruines de la cathédrale antique s'étendent sur
une longueur d'une demi-lieue de longues files
de maisons blanches et des quais où l'on débarque
et où l'on embarque les marchandises du midi
de la France et les produits des vignobles mâ-
connais. Le haut de la ville, que l'on n'aperçoit
pas de la rivière, est abandonné au silence
et au repos. On dirait d'une ville espagnole.

L'herbe y croît l'été entre les pavés. Les hautes murailles des anciens couvents en assombrissent les rues étroites. Un collége, un hôpital, des églises, les unes restaurées, les autres délabrées et servant de magasins aux tonneliers du pays ; une grande place plantée de tilleuls à ses deux extrémités, où les enfants jouent, où les vieillards s'asseoient au soleil dans les beaux jours ; de longs faubourgs à maisons basses qui montent en serpentant jusqu'au sommet de la colline, à l'embouchure des grandes routes ; quelques jolies maisons dont une face regarde la ville, tandis que l'autre est déjà plongée dans la campagne et dans la verdure ; et, aux alentours de la place, cinq ou six hôtels ou grandes maisons, presque toujours fermées, qui reçoivent, l'hiver, les anciennes familles de la province : voilà le coup d'œil de la haute ville. C'est le quartier de ce qu'on appelait autrefois la noblesse et le clergé ; c'est encore le quartier de la magistrature et de la propriété. Il en est de même partout : les populations descendent des hauteurs pour travailler et remontent pour se reposer. Elles s'éloignent du bruit dès qu'elles ont le bien-être.

A l'un des angles de cette place, qui était avant la révolution un rempart, et qui en conserve le nom, on voit une grande e haute maison percée de fenêtres rares et dont les murs élevés, massifs, mais noircis par la pluie et éraillés par le soleil, sont reliés depuis plus d'un siècle par de grosses clefs de fer. Une porte haute et

large, précédée d'un perron de deux marches,
donne entrée dans un long vestibule, au fond
duquel un lourd escalier en pierre brille au soleil par une fenêtre colossale et monte d'étage
en étage pour desservir de nombreux et pro-
fonds appartements. C'est là la maison où je
suis né.

Mon grand-père vivait encore. C'était un vieux
gentilhomme qui avait servi longtemps dans les
armées de Louis XV, et qui avait reçu la croix de
Saint-Louis à la bataille de Fontenoy. Rentré
dans sa province avec le grade de capitaine de
cavalerie, il y avait rapporté les habitudes d'élégance, de splendeur et de plaisir contractées à
la cour ou dans les garnisons. Possesseur d'une
belle fortune dans son pays, il avait épousé une
riche héritière de Franche-Comté, qui lui avait
apporté en dot de belles terres et de grandes forêts dans les environs de Saint-Claude et dans
les gorges du Jura, non loin de Genève. Il avait
six enfants, trois fils et trois filles. D'après les
idées du temps, la fortune de la famille avait été
destinée tout entière à l'aîné de ces fils. Le second était entré malgré lui dans l'état ecclésiastique, pour lequel il n'avait aucune vocation.
Des trois filles, deux avaient été mises dans des
couvents, l'autre était chanoinesse et avait fait
ses vœux. Mon père était le dernier né de cette
nombreuse famille. Dès l'âge de seize ans, on
l'avait mis au service dans le même régiment où
avait servi avant lui son père. Il ne devait jamais
se marier : c'était la règle du temps. Il devait

2

vieillir dans le grade modeste de capitaine de cavalerie, auquel il était arrivé de bonne heure;
venir de temps en temps en semestre dans la
maison paternelle; gagner lentement la croix de
Saint-Louis, terme unique des ambitions du
gentilhomme de province; puis, dans son âge
avancé, pourvu d'une petite pension du roi et
d'une légitime plus mince encore, végéter dans
une chambre haute de quelque vieux château de
son frère aîné, surveiller le jardin, chasser avec
le curé, dresser les chevaux, jouer avec les enfants, faire la partie d'échecs ou de trictrac des
voisins, complaisant né de tout le monde, esclave
domestique, heureux de l'être, aimé mais né-
gligé par tout le monde, et achevant ainsi sa vie,
inaperçu, sans biens, sans femme, sans posté-
rité, jusqu'à ce que les infirmités et la maladie
le reléguassent du salon dans la chambre nue,
où pendaient au mur son casque et sa vieille
épée, et qu'on dît un jour dans le château : « Le
chevalier est mort. »

Mon père était le chevalier de Lamartine, et
cette vie lui était destinée. Modeste et respectueux, il l'aurait acceptée en gémissant, mais
sans murmure. Une circonstance vint changer
inopinément tous ces arrangements du sort. Son
frère aîné devint valétudinaire; les médecins lui
déconseillèrent le mariage. Il dit à son père :
« Il faut marier le chevalier. » Ce fut un soulè-
vement général de tous les sentiments de famille et de tous les préjugés de l'habitude dans
l'esprit et dans le cœur du vieux gentilhomme.

Les chevaliers ne sont pas faits pour se marier.
On laissa mon père à son régiment. On ajourna
d'année en année cette difficulté qui révoltait
surtout ma grand'mère. — Marier le chevalier !
c'était monstrueux. — D'un autre côté, laisser
éteindre l'humble race et le nom obscur, c'était
un crime contre le sang. Il fallait pourtant se
décider. On ne se décidait pas et la révolution
approchait.

Il y avait à cette époque en France, et il y a
encore en Allemagne, une institution religieuse
et mondaine à la fois, dont il nous serait difficile
de nous faire une idée aujourd'hui sans sourire,
tant le monde et la religion s'y trouvaient rap-
prochés et confondus dans un contraste à la fois
charmant et sévère. C'était ce qu'on appelle un
chapitre de chanoinesses nobles. Voici ce qu'é-
taient ces chapitres.

Dans une province et dans un site ordinairement bien choisis, non loin de quelque grande
ville dont le voisinage animait ces espèces de
couvents sans clôture, les familles riches et
nobles du royaume envoyaient vivre, après avoir
fait ce qu'on appelait des preuves, celles de
leurs filles qui ne se sentaient pas de goût pour
l'état de religieuses cloîtrées et à qui cependant
ces familles ne pouvaient faire des dots suffi-
santes pour les marier.

On leur donnait à chacune une petite dot, on
leur bâtissait une jolie maison entourée d'un petit jardin, sur un plan uniforme, groupée autour
de la chapelle du chapitre. C'étaient des espèces

de cloîtres libres rangés les uns à côté des autres,
mais dont la porte restait à demi ouverte au
monde; une sorte de sécularisation imparfaite
des ordres religieux d'autrefois; une transition
élégante et douce entre l'Église et le monde. Ces
jeunes personnes entraient là dès l'âge de qua-
torze à quinze ans. Elles commençaient par y
vivre sous la surveillance très-peu gênante des
chanoinesses les plus âgées qui avaient fait leurs
vœux et à qui leurs familles les avaient confiées;
puis, dès qu'elles avaient vingt ans, elles pre-
naient elles-mêmes la direction de leurs ménages,
elles s'associaient avec une ou deux de leurs
amies et vivaient en commun par petits groupes
de deux ou trois.

Elles ne vivaient guère au chapitre que pendant la belle saison. L'hiver, elles étaient rappelées dans les villes des environs, au sein de leur
famille, pour y passer un semestre de plaisir et
décorer le salon de leurs mères. Pendant les
mois de résidence au chapitre, elles n'étaient
astreintes à rien, si ce n'est à aller deux fois par
jour chanter l'office dans l'église, et encore le
moindre prétexte suffisait pour les en exempter.
Le soir, elles se réunissaient tantôt chez l'abbesse,
tantôt chez l'une d'entre elles, pour jouer, causer,
faire des lectures, sans autre règle que leur
goût, sans autre surveillance que celle d'une
vieille chanoinesse, gardienne indulgente de ce
charmant troupeau. On devait seulement rentrer
à certaines heures. Les hommes étaient exclus
de ces réunions, mais il y avait une exception

qui conciliait tout. Les jeunes chanoinesses pouvaient recevoir chacune leurs frères en visite pendant un certain nombre de jours, et elles pouvaient les présenter à leurs amies dans les sociétés du chapitre. Là se formaient naturellement les plus tendres liaisons de cœur entre les jeunes officiers venant passer quelques jours de semestre chez leur sœur et les jeunes amies de cette sœur. Il s'ensuivait bien de temps en temps quelques enlèvements ou quelques chuchotements dans le chapitre; mais en général une pieuse réserve, une décence irréprochable présidaient à ces rapports d'intimité si délicate, et les sentiments mutuellement conçus, ranimés par des visites annuelles au chapitre, donnaient lieu plus tard à des mariages d'inclination, si rares, à cette époque, dans la société française.

Une des sœurs de mon père était chanoinesse d'un de ces chapitres nobles dans le Beaujolais, aux bords de la Saône, entre Lyon et Mâcon; elle avait fait ses vœux à vingt et un ans. Elle y avait une maison que mon grand-père avait bâtie pour elle. Elle y logeait une charmante amie de seize ans, qui venait d'entrer au chapitre. Mon père, en allant voir sa sœur à Salles (c'est le nom du village), fut frappé des grâces, de l'esprit et des qualités angéliques de cette jeune personne. La jeune recluse et le bel officier s'aimèrent. La sœur de mon père fut la confidente naturelle de cette mutuelle tendresse. Elle la favorisa, et après bien des années de constance, bien des obstacles surmontés, bien des oppositions de famille vaincues, la destinée, dont le plus puissant ministre est toujours l'amour, s'accomplit, et mon père épousa l'amie de sa sœur.

Alix des Roys, c'est le nom de notre mère, était fille de M. des Roys, intendant général des finances de M. le duc d'Orléans. Madame des Roys, sa femme, était sous-gouvernante des enfants de ce prince, favorite de cette belle et vertueuse duchesse d'Orléans que la révolution respecta tout en la chassant de son palais et en conduisant ses fils dans l'exil et son mari à l'échafaud. M. et madame des Roys avaient un logement au Palais-Royal l'hiver et à Saint-Cloud l'été. Ma mère y naquit; elle y fut élevée avec le roi Louis-Philippe, dans la familiarité respectueuse qui s'établit toujours entre les enfants à peu près du même âge, participant aux mêmes leçons et aux mêmes jeux.

Combien de fois ma mère ne nous a-t-elle pas entretenus de l'éducation de ce prince qu'une révolution avait jeté loin de sa patrie, qu'une autre révolution devait porter sur un trône? Il n'y a pas une fontaine, une allée, une pelouse des jardins de Saint-Cloud que nous ne connaissions par ses souvenirs d'enfance avant de les avoir vues nous-mêmes. Saint-Cloud était pour elle son Milly, son berceau, le lieu où toutes ses premières pensées avaient germé, avaient fleuri, avaient végété et grandi avec les plantes de ce beau parc. Tous les noms sonores du dix-huitième siècle étaient les premiers noms qui s'étaient gravés dans sa mémoire.

Madame des Roys, sa mère, était une femme de mérite. Les fonctions dans la maison du premier prince du sang attiraient et groupaient autour d'elle beaucoup de personnages célèbres de l'époque Voltaire, à son court et dernier voyage à Paris, qui fut un triomphe, vint rendre visite aux jeunes princes. Ma mère, qui n'avait que sept à huit ans, assista a la visite, et, quoique si jeune, elle comprit, par l'impression qui se révélait autour d'elle, qu'elle voyait quelque chose de plus qu'un roi. L'attitude de Voltaire, son costume, sa canne, ses gestes, ses paroles étaient restés gravés dans cette mémoire d'enfant comme l'empreinte d'un être antédiluvien dans la pierre de nos montagnes.

D'Alembert, Laclos, madame de Genlis, Buffon, Florian, l'historien anglais Gibbon, Grimm, Morellet, M. Necker, les hommes d'État, les gens de lettres, les philosophes du temps vivaient dans la société de madame des Roys. Elle avait eu surtout des relations avec le plus immortel d'entre eux, Jean-Jacques Rousseau. Ma mère, quoique très-pieuse et très-étroitement attachée au dogme catholique, avait conservé une tendre admiration pour ce grand homme, sans doute parce qu'il avait plus qu'un génie, parce qu'il avait une âme. Elle n'était pas de la religion de son génie, mais elle était de la religion de son cœur.

Le duc d'Orléans, comte de Beaujolais aussi, avait la nomination d'un certain nombre de dames au chapitre de Salles, qui dépendait de son duché. C'est ainsi et c'est par lui que ma mère y fut nommée à l'âge de quinze à seize ans. J'ai encore un portrait d'elle fait à cet âge, indépendamment du portrait que toutes ses sœurs et que mon père lui-même nous en ont si souvent tracé de mémoire. Elle est représentée dans son costume de chanoinesse. On voit une jeune personne grande, élancée, d'une taille flexible, avec de beaux bras blancs sortant, à la hauteur du coude des manches étroites d'une robe noire. Sur la poitrine est attachée la petite croix d'or du chapitre. Par-dessus ses cheveux noirs tombe et flotte, des deux côtés de la tête, un voile de dentelles moins noires que ses cheveux. Sa figure, toute jeune et toute naïve, brille seule au milieu de ces couleurs sombres.

Le temps a un peu enlevé la fraîcheur du coloris de quinze ans. Mais les traits sont aussi purs que si le pinceau du peintre n'était pas encore séché sur la palette. On y retrouve ce sourire intérieur de la vie, cette tendresse intarissable de l'âme et du regard, et surtout ce rayon de lumière si serein de raison, si imbibé de sensibilité, qui ruisselait comme une caresse éternelle de son œil un peu profond et un peu voilé par la paupière, comme si elle n'eût pas voulu laisser jaillir toute la clarté et tout l'amour qu'elle avait dans ses beaux yeux. On comprend, rien qu'à voir ce portrait, toute la passion qu'une telle femme dut inspirer à mon père, et toute la piété que plus tard elle devait inspirer à ses enfants.

Mon père lui-même, à cette époque, était digne par son extérieur et par son caractère de s'atta-

cher le cœur d'une femme sensible et coura-
geuse. Il n'était plus très-jeune : il avait trente-
huit ans. Mais pour une homme d'une forte race,
qui devait mourir jeune encore d'esprit et de
corps à quatre-vingt-dix ans, avec toutes ses
dents, tous ses cheveux et toute la sévère et im-
posante beauté que la vieillesse comporte, trente-
huit ans, c'était la fleur de la vie. Sa taille était
élevée, son attitude militaire, ses traits mâles
avec tout le caractère de l'ordre et du commande-
ment. La fierté douce et la franchise étaient les
deux empreintes que sa physionomie laissait dans
le regard. Il n'affectait ni la légèreté ni la grâce,
bien qu'il y en eût beaucoup dans son esprit.
Avec un prodigieux bouillonnement du sang au
fond du cœur, il paraissait froid et indifférent à
la surface, parce qu'il se craignait lui-même
et qu'il avait comme honte de sa sensibilité.

Il n'y eut jamais un homme au monde qui se
douta moins de sa vertu et qui enveloppa davantage de toute la pudeur d'une femme les sévères
perfections d'une nature de héros. J'y fus trompé
moi-même bien des années. Je le crus dur et
austère, il n'était que juste et rigide. Quant à ses
goûts, ils étaient primitifs comme son âme. Pa-
triarche et militaire, c'était tout l'homme. La
chasse et les bois, quand il était en semestre
dans la province. Le reste de l'année, son régiment, son cheval, ses armes, les règlements scru-
puleusement suivis et ennoblis par l'enthousiasme de la vie de soldat : c'étaient toutes ses
occupations. Il ne voyait rien au delà de son

grade de capitaine de cavalerie et de l'estime de ses camarades. Son régiment était plus que sa famille. Il en désirait l'honneur à l'égal de son propre honneur. Il savait par cœur tous les noms des officiers et des cavaliers. Il en était adoré. Son état, c'était sa vie. Sans aucune espèce d'ambition ni de fortune, ni de grades plus élevés, son idéal, c'était d'être ce qu'il était, un bon officier ; d'avoir l'honneur pour âme, le service du roi pour religion, de passer six mois de l'année dans une ville de garnison et les autres six mois dans une petite maison à lui à la campagne, avec une femme et des enfants. L'homme primitif, enfin, un peu modifié par le soldat, voilà mon père.

La révolution, le malheur, les années et les idées le modifièrent et le complétèrent dans son âge avancé. Je puis dire que moi-même j'ai vu sa grande et facile nature se développer après soixante-dix ans de vie. Il était de la race de ces chênes qui végètent et qui se renouvellent jusqu'au jour où l'on met la cognée au pied de l'arbre. A quatre-vingts ans il se perfectionnait encore.

J'ai déjà dit quels obstacles de fortune et quels préjugés de famille s'opposaient à son mariage. Sa constance et celle de ma mère les surmontèrent. Ils furent unis au moment même où la révolution allait ébranler tous les établissements humains et le sol même sur lequel on les fondait.

Déjà l'Assemblée constituante était à l'œuvre. Elle sapait avec la force d'une raison pour ainsi

dire surhumaine les priviléges et les préjugés
sur lesquels reposait l'ancien ordre social en
France. Déjà ces grandes émotions du peuple
emportaient, comme des vagues que le vent commence à soulever, tantôt Versailles, tantôt la
Bastille, tantôt l'Hôtel-de-Ville de Paris. Mais
l'enthousiasme de la noblesse même pour la
grande régénération politique et religieuse sub-
sistait encore. Malgré ces premiers tremblements
du sol, on pensait que cela serait passager. On
n'avait pas d'échelle dans le passé pour mesurer
d'avance la hauteur qu'atteindrait ce débordement
des idées nouvelles. Mon père n'avait pas quitté
le service en se mariant ; il ne voyait dans tout cela
que son drapeau à suivre, le roi à défendre,
quelques mois de lutte contre le désordre, quelques gouttes de son sang à donner à son devoir.
Ces premiers éclairs d'une tempête qui devait
submerger un trône et secouer l'Europe pendant
un demi-siècle au moins se perdirent pour ma
mère et pour lui dans les premières joies de leur
amour et dans les premières perspectives de leur
félicité. Je me souviens d'avoir vu un jour une
branche de saule séparée du tronc par la tempête et flottant le matin sur un débordement de
la Saône. Une femelle de rossignol y couvait
encore son nid à la dérive dans l'écume du
fleuve, et le mâle suivait du vol ses amours sur
un débris.

II

A peine avaient-ils goûté leur bonheur si longtemps attendu, qu'il fallut l'interrompre et se
séparer, peut-être, hélas! pour ne plus se revoir. C'était le moment de l'émigration. A cette
époque, l'émigration n'était pas, comme elle le
devint plus tard, un refuge contre la persécution
ou la mort. C'était une vogue universelle d'expa-
triation qui avait saisi la noblesse française.
L'exemple donné par les princes devint conta-
gieux. Des régiments perdirent en une nuit leurs
officiers. Ce fut une honte pendant un certain
temps de rester là où était le roi et la France. Il
fallait un grand courage d'esprit et une grande
fermeté de caractère pour résister à cette folie
épidémique qui prenait le nom de l'honneur.
Mon père eut ce courage : il se refusa à émigrer.
Seulement, quand on demanda aux officiers de
l'armée un serment qui répugnait à sa conscience
de serviteur du roi, il donna sa démission. Mais
le 10 août approchait; on le sentait venir. On
savait d'avance que le château des Tuileries serait attaqué, que les jours du roi seraient me-
nacés, que la Constitution de 91, pacte momen-
tané de conciliation entre la royauté représenta-

tive et le peuple souverain, serait renversée ou triomphante dans des flots de sang. Les amis dévoués de ce qui restait de monarchie et les hommes personnellement et religieusement attachés au roi se comptèrent et s'unirent pour aller fortifier la garde constitutionnelle de Louis XVI et se ranger, le jour du péril, autour de lui. Mon père fut du nombre de ces hommes de cœur.

Ma mère me portait alors dans son sein. Elle n'essaya pas de le retenir. Même au milieu de ses larmes, elle n'a jamais compris la vie sans l'honneur, ni balancé une minute entre une douleur et un devoir.

Mon père partit sans espoir, mais sans hésitation. Il combattit avec la garde constitutionnelle et avec les Suisses pour défendre le château. Quand Louis XVI eut abandonné sa demeure, le combat devint un massacre. Mon père fut blessé d'un coup de feu dans le jardin des Tuileries. Il s'échappa, fut arrêté en traversant la rivière en face des Invalides, conduit à Vaugirard et emprisonné quelques heures dans une cave. Il fut réclamé et sauvé par le jardinier d'un de ses parents qui était officier municipal de la commune, et qui le reconnut par un hasard miraculeux. Échappé ainsi à la mort, il revint auprès de ma mère et vécut dans une obscurité profonde, retiré à la campagne jusqu'aux jours où la persécution révolutionnaire ne laissa plus d'autre asile à ceux qui tenaient à l'ordre ancien que la prison ou l'échafaud.

La famille de mon grand-père donnait peu de

prétextes à la persécution. Aucun de ses membres n'avait émigré. Mon grand-père lui-même était un vieillard de plus de quatre-vingts ans. Son fils aîné, ainsi que son second fils, l'abbé de Lamartine, élevés l'un et l'autre dans les doctrines du dix-huitième siècle, avaient sucé, dès leur enfance, le lait de cette philosophie qui promettait au monde un ordre nouveau. Ils étaient de cette partie de la jeune noblesse qui recevait de plus haut et qui propageait avec le plus d'ardeur les idées de transformation politique. On se trompe grossièrement sur les origines de la révolution française quand on s'imagine qu'elle est venue d'en bas. Les idées viennent toujours d'en haut. Ce n'est pas le peuple qui a fait la révolution, c'est la noblesse, le clergé et la partie pensante de la nation. Les superstitions prennent quelquefois naissance dans le peuple, les philosophies ne naissent que dans la tête des sociétés. Or, la révolution française est une philosophie.

Mon grand-père et mes oncles surtout avaient la sève de la révolution dans l'esprit. Ils étaient partisans passionnés d'un gouvernement constitutionnel, d'une représentation nationale, de la fusion des ordres de l'État en une seule nation soumise aux mêmes lois et aux mêmes impôts. Mirabeau, les Lameth, la Fayette, Mounier, Virieu, la Rochefoucauld, étaient les principaux apôtres de leur religion politique. Madame de Monnier (la Sophie de Mirabeau) avait vécu quelque temps chez mon grand-père. La Fayette avait été élevé avec l'abbé de Lamartine. Ils s'étaient retrouvés à Paris ; ils entretenaient une correspondance suivie. Ils étaient liés d'une véritable amitié, amitié qui a survécu à quarante années d'absence, et dont l'illustre général me parlait encore l'avant-dernière année de sa vie.

Telle était la nuance des opinions de famille. Il n'y avait rien là d'antipathique à la révolution de 89 ; mon père et mes oncles ne se séparèrent du mouvement rénovateur qu'au moment où la révolution, s'échappant de ces mains démocratiques, se fit démagogie, se retourna contre ceux-là mêmes qui l'avaient réchauffée, et devint violence, spoliation et supplices. A ce moment aussi la persécution entra chez eux et ne les quitta plus qu'à la mort de Robespierre.

Le peuple vint arracher une nuit, de sa demeure, mon grand-père, malgré ses quatre-vingt-quatre ans, ma grand'mère, presque aussi âgée et infirme, mes deux oncles, mes trois tantes, religieuses, et déjà chassées de leurs couvents. On jeta pêle-mêle toute cette famille dans un char escorté de gendarmes, et on la conduisit, au milieu des huées et des cris de mort du peuple, jusqu'à Autun. Là, une immense prison avait été destinée à recevoir tous les suspects de la province. Mon père, par une exception dont il ignora la cause, fut séparé du reste de la famille et enfermé dans la prison de Mâcon. Ma mère, qui me nourrissait alors, fut laissée seule dans l'hôtel de mon grand-père, sous la surveillance de quelques soldats de l'armée révolutionnaire. Et l'on s'étonne que les hommes dont la vie date de ces jours sinistres aient apporté, en naissant, un goût de tristesse et une empreinte de mélancolie dans le génie français? *Virgile*, *Cicéron*, *Tibulle*, *Horace* lui-même, qui imprimèrent ce caractère au génie romain, n'étaient-ils pas nés, comme nous, pendant les grandes guerres civiles de Rome et au bruit des proscriptions de Marius, de Sylla, de César? Que l'on songe aux impressions de terreur ou de pitié qui agitèrent les flancs des femmes romaines pendant qu'elles portaient ces hommes dans leur sein! Que l'on songe au lait aigri de larmes que je reçus moi-même de ma mère pendant que la famille entière était dans une captivité qui ne s'ouvrait que pour la mort! pendant que l'époux qu'elle adorait était sur les degrés de l'échafaud, et que, captive elle-même dans sa maison déserte, des soldats féroces épiaient ses larmes pour lui faire un crime de sa tendresse et pour insulter à sa douleur.

Sur les derrières de l'hôtel de mon grand-père, qui s'étendait d'une rue à l'autre, il y avait une petite maison basse et sombre qui communiquait avec la grande maison par un couloir obscur et par de petites cours étroites et humides comme des puits. Cette maison servait à loger d'anciens domestiques retirés du service de mon grand-père, mais qui tenaient encore à la famille par de petites pensions qu'ils continuaient de recevoir, et par quelques services d'obligeance qu'ils rendaient de temps en temps à leurs anciens maîtres ; des espèces d'affranchis romains, comme chaque famille a le bonheur d'en conserver. Quand le grand hôtel fut mis sous le séquestre, ma mère se retira seule, avec une femme ou deux, dans cette maison. Un autre attrait l'y attirait encore.

Précisément en face de ses fenêtres, de l'autre côté de cette ruelle obscure, silencieuse et étroite comme une rue de Gênes, s'élevaient et s'élèvent encore aujourd'hui les murailles hautes et percées de rares fenêtres d'un ancien couvent d'Ursulines. Édifice austère d'aspect, recueilli comme sa destination, avec le beau portail d'une église adjacente sur un des côtés, et, sur le derrière, des cours profondes et un jardin cerné de murs noirs et dont la hauteur ôtait tout espoir de les franchir. Comme les prisons ordinaires de la ville regorgeaient de détenus, le tribunal révolutionnaire de Mâcon fit disposer ce couvent en prison supplémentaire. Le hasard ou la Providence voulut que mon père y fût enfermé. Il n'avait ainsi, entre le bonheur et lui, qu'un mur et la largeur d'une rue. Un autre hasard voulut que le couvent des Ursulines lui fût aussi connu dans tous ses détails d'intérieur que sa propre maison. Une des sœurs de mon grand-père, qui s'appelait madame de Lusy, était abbesse des Ursulines de Mâcon. Les enfants de son frère, dans leur bas âge, venaient sans cesse jouer dans le couvent. Il n'y avait pas d'allées du jardin, de cellules, d'escaliers dérobés, de mansardes, de greniers ni de soupiraux de caves qui ne leur

fussent familiers et dont leur mémoire d'enfant
n'eût retenu jusqu'aux plus insignifiants détails.

Mon père, jeté tout à coup dans cette prison,
s'y trouva donc en pays connu. Pour comble de
bonheur, le geôlier, républicain très-corruptible,
avait été, quinze ans avant, cuirassier dans la
compagnie de mon père. Son grade nouveau ne
lui changea pas le cœur. Accoutumé à respecter
et à aimer son capitaine, il s'attendrit en le revoyant, et, quand les portes des Ursulines se re-
fermèrent sur le captif, ce fut le républicain qui
pleura.

Mon père se trouva là en bonne et nombreuse
compagnie. La prison renfermait environ deux
cents détenus sans crime, les suspects du dépar-
tement. Ils étaient entassés dans des salles, dans
des réfectoires, dans des corridors du vieux couvent. Mon père demanda pour toute faveur, au geôlier, de le loger seul dans un coin du grenier.
Une lucarne haute, ouvrant sur la rue, lui lais-
serait du moins la consolation de voir quelquefois, à travers les grilles, le toit de sa propre
demeure. Cette faveur lui fut accordée. Il s'in-
stalla sous les tuiles, à l'aide de quelques planches et d'un misérable grabat. Le jour, il descen-
dait auprès de ses compagnons de captivité pour
prendre ses repas, pour jouer, pour causer des
affaires du temps, sur lesquelles les prisonniers
étaient réduits aux conjectures, car on ne leur
laissait aucune communication écrite avec le
dehors. Mais cet isolement ne dura pas longtemps
pour mon père.

Le même sentiment qui l'avait poussé à demander au geôlier une cellule qui eût jour sur la rue, et qui le retenait des heures entières à regarder le toit de sa petite maison en face, avait aussi inspiré à ma mère la pensée de monter souvent au grenier de sa demeure, de s'asseoir près de la lucarne, un peu en arrière, de manière à voir sans être vue. Elle contemplait de là, à travers ses pleurs, le toit de la prison où était, enlevé à sa tendresse et dérobé à ses yeux, celui qu'elle aimait. Deux regards, deux pensées qui se cherchent à travers l'univers, finissent toujours par se retrouver. A travers deux murs et une rue étroite, leurs yeux pouvaient-ils manquer de se rencontrer? Leurs âmes s'émurent, leurs pensées se comprirent, leurs signes suppléèrent leurs paroles, de peur que leur voix ne révélât aux sentinelles dans la rue leurs communications. Ils passaient ainsi régulièrement plusieurs heures de la journée assis l'un en face de l'autre. Toute leur âme avait passé dans leurs yeux. Ma mère imagina d'écrire en gros caractères des lignes concises contenant, en peu de mots, ce qu'elle voulait faire connaître au prisonnier. Celui-ci répondait par un signe. Dès lors les rapports furent établis. Ils ne tardèrent pas à se compléter. Mon père, en qualité de chevalier de l'arquebuse, avait chez lui un arc et des flèches, avec lesquels j'ai bien souvent joué dans mon enfance. Ma mère imagina de s'en servir pour communiquer plus complétement avec le prisonnier. Elle s'exerça quelques jours, dans sa chambre, à tirer de l'arc; et, quand elle eut acquis assez d'adresse pour être sûre de ne pas manquer son but à quelques pieds de distance, elle attacha un fil à une flèche, et lança la flèche et le fil dans la fenêtre de la prison. Mon père cacha la flèche, et, tirant le fil à lui, il amena une lettre. On lui fit passer par ce moyen, à la faveur de la nuit, du papier, des plumes, de l'encre même. Il répondait à loisir. Ma mère, avant le jour, venait retirer de son côté les longues lettres dans lesquelles le captif épanchait sa tendresse et sa tristesse, interrogeait, conseillait, consolait sa femme et parlait de son enfant. Ma pauvre mère m'apportait tous les jours dans ses bras au grenier, me montrait à mon père, m'allaitait devant lui, me faisait tendre mes petites mains vers les grilles de la prison, puis, me pressant le front contre sa poitrine, elle me dévorait de baisers, adressant au prisonnier toutes les caresses dont elle me couvrait à son intention.

Ainsi se passèrent des mois et des mois, troublés par la terreur, agités par l'espérance, éclairés et consolés quelquefois par ces lueurs que deux regards qui s'aiment se renvoient toujours jusque dans la nuit de la tristesse et de l'adversité. L'amour inspira à mon père une audace plus heureuse encore et dont le succès rendit l'emprisonnement même délicieux, et lui fit oublier l'échafaud.

J'ai déjà dit que la rue qui séparait le couvent des Ursulines de la maison paternelle était très-étroite. Non content de voir ma mère, de lui

écrire et de lui parler, mon père conçut l'idée
de se réunir à elle, en franchissant la distance
qui les séparait. Elle frémit, il insista. Quelques
heures de bonheur dérobées aux persécutions et
à la mort peut-être, valaient bien une minute
de danger. Qui sait si cette occasion se retrou-
verait jamais? si demain on n'ordonnerait pas
de transférer le prisonnier à Lyon, à Paris, à
l'échafaud? Ma mère céda. A l'aide de la flèche
et du fil, elle fit passer une lime. Un des barreaux de fer de la petite fenêtre de la prison fut
silencieusement limé et remis à sa place. Puis
un soir où il n'y avait plus de lune, une grosse
corde attachée au fil glissa du toit de ma mère
dans la main du détenu. Fortement attachée d'un
côté dans le grenier de notre maison à une pou-
tre, mon père la noua de l'autre à un des barreaux de sa fenêtre. Il s'y suspendit par les
mains et par les pieds; et se glissant de nœuds
en nœuds au-dessus de la tête des sentinelles,
il franchit la rue et se trouva dans les bras de
sa femme et auprès du berceau de son enfant.

Ainsi échappé de la prison, il était maître de
n'y pas rentrer; mais condamné alors par contu-
mace ou comme émigré, il aurait ruiné sa femme
et perdu sa famille; il n'y songea pas. Il réserva,
comme dernier moyen de salut, la possibilité de
cette évasion pour la veille du jour où l'on vien-
drait l'appeler au tribunal révolutionnaire ou à
la mort. Il avait la certitude d'en être averti par
le geôlier. C'est le seul service qu'il lui eût de-
mandé.

Quelles nuits que ces nuits furtives passées à retenir les heures dans le sein de tout ce qu'on aime! A quelques pas, des sentinelles, des barreaux, des cachots et la mort! Ils ne comptaient pas, comme Roméo et Juliette, les pas des astres dans la nuit par le chant du rossignol et par celui de l'alouette, mais par le bruit des rondes qui passaient sous les fenêtres et par le nombre de factionnaires relevés. Avant que le firmament blanchît, il fallut franchir de nouveau la rue et rentrer muet dans sa loge grillée. La corde fut dénouée, retirée lentement par ma mère, et cachée, pour d'autres nuits pareilles, sous des matelas, dans un coin du grenier. Les deux amants eurent de temps en temps des entrevues semblables, mais il fallait les ménager avec prudence et les préparer avec soin; car, indépendamment du danger de tomber dans la rue ou d'être découvert par les surveillants, ma mère n'était pas sûre de la fidélité d'une des femmes qui la servaient, et dont un mot eût conduit mon père à la mort.

C'était le temps où les proconsuls de la Convention se partageaient les provinces de la France et y exerçaient, au nom du salut public, un pouvoir absolu et souvent sanguinaire. La fortune, la vie ou la mort des familles étaient dans un mot de la bouche de ces représentants, dans un attendrissement de leur âme, dans une signature de leur main. Ma mère, qui sentait la hache suspendue sur la tête du mari qu'elle adorait, avait eu plusieurs fois l'inspiration d'aller se jeter aux

pieds de ces envoyés de la Convention, de leur
demander la liberté de mon père. Sa jeunesse,
sa beauté, son isolement, l'enfant qu'elle portait
à la mamelle, les conseils même de mon père.
l'avaient jusqu'alors retenue. Mais les instances
du reste de la famille, enfermée dans les cachots
d'Autun, vinrent lui demander impérieusement
des démarches de suppliante qui ne coûtaient pas
moins à sa fierté qu'à ses opinions. Elle obtint
des autorités révolutionnaires de Mâcon un
passe-port pour Lyon et pour Dijon. Combien de
fois ne m'a-t-elle pas raconté ses répugnances,
ses découragements, ses terreurs, quand il fallait, après des démarches sans nombre et des
sollicitations repoussées avec rudesse, paraître
enfin toute tremblante en présence d'un représentant du peuple en mission! Quelquefois c'é-
tait un homme grossier et brutal, qui refusait
même d'écouter cette femme en larmes et qui la
congédiait avec des menaces, comme coupable de
vouloir attendrir la justice de la nation. Quelquefois c'était un homme sensible, que l'aspect d'une
tendresse si profonde et d'un désespoir si tou-
chant inclinait malgré lui à la pitié, mais que la
présence de ses collègues endurcissait en apparence, et qui refusait des lèvres ce qu'il accor-
dait du cœur. Le représentant Javogues fut celui
de tous ces proconsuls qui laissa à ma mère la
meilleure impression de son caractère. Intro-
duite à Dijon, à son audience, il lui parla avec
bonté et avec respect. Elle m'avait porté dans ses
bras jusque dans le salon du représentant, afin

que la pitié eût deux visages pour l'attendrir,
celui d'une jeune mère et celui d'un enfant in-
nocent. Javogues la fit asseoir, se plaignit de sa
mission de rigueur, que ses fonctions et le salut
de la République lui imposaient. Il me prit sur
ses genoux, et comme ma mère faisait un geste
d'effroi dans la crainte qu'il ne me laissât tomber : « Ne crains rien, citoyenne, lui dit-il, les
« républicains ont aussi des fils. » Et comme je
jouais en souriant avec les bouts de son écharpe
tricolore : « Ton enfant est bien beau, ajouta-
« t-il, pour un fils d'aristocrate. Élève-le pour la
« patrie, et fais-en un citoyen. » Il lui donna
quelques paroles d'intérêt pour mon père et
quelques espérances de liberté prochaine. Peut-
être est-ce à lui qu'il dut d'être oublié dans la
prison ; car un ordre de jugement à cette époque
était un arrêt de supplice.

Revenue à Mâcon et rentrée dans sa maison, ma
mère vécut emprisonnée elle-même dans son
étroite demeure, en face des Ursulines. De temps
en temps, quand la nuit était bien sombre, la lune
absente et les réverbères éteints par le vent d'hiver, la corde à nœuds glissait d'une fenêtre à
l'autre, et mon père venait passer des heures in-
quiètes et délicieuses auprès de tout ce qu'il aimait.

Dix-huit longs mois se passèrent ainsi. Le
9 thermidor ouvrit les prisons ; mon père fut
libre. Ma mère alla à Autun chercher ses vieux
parents infirmes et les ramena dans leur maison
longtemps fermée. Peu de temps après ce retour,

mon grand-père et ma grand'mère moururent en
paix et pleins de jours dans leur lit. Ils avaient
traversé la grande tempête, secoués par elle,
mais non renversés. Ils n'y avaient perdu aucun
de leurs enfants, et ils pouvaient espérer, en fer-
mant les yeux, que le ciel était épuisé pour
longtemps d'orages, et que la vie serait plus
douce pour ceux à qui ils la laissaient en quittant
la terre.

III

La fortune de mon grand-père, dans les intentions comme dans les usages du temps, avait dû
passer tout entière à son fils aîné. Mais les lois
nouvelles ayant annulé les substitutions et sup-
primé le droit d'aînesse, et les vœux de pauvreté
faits par mes tantes, sœurs de mon père, se trou-
vant non avenus devant la loi, la famille dut pro-
céder au partage des biens. Ces biens étaient con-
sidérables, tant en Franche-Comté qu'en Bour-
gogne. Mon père, en demandant sa part comme
ses frères et ses sœurs, pouvait changer d'un
mot son sort et obtenir une des belles posses-
sions territoriales que la famille avait à se parta-
ger. Sa scrupuleuse déférence pour les intentions
de son père l'empêcha même de songer à les violer

après sa mort. Les lois révolutionnaires qui sup-
primaient le droit d'aînesse étaient toutes récen-
tes ; elles avaient encore à ses yeux, bien qu'il
les trouvât très-justes, une apparence de com-
pression et de violence faite à l'autorité parter-
nelle. En demander l'application en sa faveur
contre son frère aîné lui paraissait un abus de
sa situation. Il prit, sans se faire valoir, le parti
de renoncer à la succession de son père et de sa
mère, et de s'en tenir à la très-modique légitime
que son contrat de mariage lui avait assurée. Il
se fit pauvre, n'ayant qu'un mot à dire pour se
faire riche. Les biens de la famille furent parta-
gés. Chacun de ses frères et sœurs eut une large
part. Il n'en voulut rien ; il resta, pour tout bien,
avec la petite terre de Milly, qu'on lui avait assi-
gnée en se mariant, et qui ne rendait alors que
deux ou trois mille livres de rente. La dot de ma
mère était modique. Les traitements des places
que son père et ses frères occupaient dans la
maison d'Orléans avaient disparu avec la révo
lution. Les princesses de cette famille étaient
exilées. Elles écrivaient quelquefois à ma mère.
Elles se souvenaient de leur amitié d'enfance
avec les filles de leur sous-gouvernante. Elles ne
cessèrent pas de les entourer de leur souvenir
dans l'exil et de leurs bienfaits dans la prospé-
rité.

Mon père ne se croyait pas relevé par la révolution de sa fidélité d'honneur à son drapeau. Ce
sentiment fermait toute carrière à sa fortune.
Trois mille livres de rente et une petite maison

délabrée et nue à la campagne, pour lui, sa femme et les nombreux enfants qui commençaient à s'asseoir à la table de famille, c'était quelque chose de bien indécis entre l'aisance frugale et l'indigence souffreteuse. Mais il avait la satisfaction de sa conscience, son amour pour sa femme, la simplicité champêtre de ses goûts, sa stricte, mais généreuse économie, la conformité parfaite de ses désirs avec sa situation, enfin sa religieuse confiance en Dieu. Avec cela, il abordait courageusement les difficultés étroites de son existence. Ma mère, jeune, belle, élevée dans toutes les élégances d'une cour splendide, passait, avec la même résignation souriante et avec le même bonheur intérieur, des appartements et des jardins d'une maison de prince, dans la petite chambre démeublée d'une maison vide depuis un siècle, et dans le jardin d'un quart d'arpent, entouré de pierres sèches, où allaient se confiner tous les grands rêves de sa jeunesse. Je leur ai entendu dire souvent depuis à l'un et à l'autre que, malgré l'exiguïté de leur sort, ces premières années de calme après la secousse des révolutions, de recueillement dans leur amour et de jouissance d'eux-mêmes dans cette solitude, furent, à tout prendre, les plus douces années de leur vie. Ma mère, tout en souffrant beaucoup de la pauvreté, méprisa toujours la richesse. Combien de fois ne m'a-t-elle pas dit, plus tard, en me montrant du doigt les bornes si rapprochées du jardin et de nos champs de Milly : « C'est « bien petit, mais c'est assez grand si nous sa-

« vons y proportionner nos désirs et nos habi-
« tudes. Le bonheur est en nous ; nous n'en
« aurions pas davantage en étendant la limite de
« nos prés ou de nos vignes. Le bonheur ne se
« mesure pas à l'arpent comme la terre ; il se
« mesure à la résignation du cœur, car Dieu a
« voulu que le pauvre en eût autant que le riche,
« afin que l'un et l'autre ne songeassent pas à le
« demander à un autre qu'à lui ! »

Je n'imiterai pas Jean-Jacques Rousseau dans
ses *Confessions*. Je ne vous raconterai pas les
puérilités de ma première enfance. L'homme ne
commence qu'avec le sentiment et la pensée.
Jusque-là, l'homme est un être, ce n'est pas
même un enfant. L'arbre sans doute commence
aux racines ; mais ces racines, comme nos instincts, ne sont jamais destinées à être dévoilées à
la lumière. La nature les cache avec dessein, car
c'est là son secret. L'arbre ne commence pour
nous qu'au moment où il sort de terre et se dessine, avec sa tige, son écorce, ses rameaux, ses
feuilles, pour le bois, pour l'ombre ou pour le
fruit qu'il doit porter un jour. Ainsi de l'homme.
Laissons donc le berceau aux nourrices, et nos
premiers sourires et nos premières larmes et
nos premiers balbutiements à l'extase de nos
mères. Je ne veux me prendre pour vous qu'à
mes premiers souvenirs déjà raisonnés.

Les deux premières scènes de la vie qui se re-
présentent souvent à moi, dans ces retours que
l'homme fait vers son passé le plus lointain pour
se retrouver lui-même, les voici :

Il est nuit. Les portes de la petite maison de Milly sont fermées. Un chien ami jette de temps en temps un aboiement dans la cour. La pluie d'automne tinte contre les vitres des deux fenêtres basses, et le vent, soufflant par rafales, produit, en se brisant contre les branches de deux ou trois platanes et en pénétrant dans les interstices des volets, ces sifflements intermittents et mélancoliques que l'on entend seulement au bord des grands bois de sapins quand on s'asseoit à leurs pieds pour les écouter. La chambre où je me revois ainsi est grande mais presque nue. Au fond est une alcôve profonde avec un lit. Les rideaux du lit sont de serge blanche à carreaux bleus. C'est le lit de ma mère; il y a deux berceaux sur des chaises de bois au pied du lit; l'un grand, l'autre petit. Ce sont les berceaux de mes plus jeunes sœurs qui dorment déjà depuis longtemps. Un grand feu de ceps de vigne brûle au fond d'une cheminée de pierres blanches dont le marteau de la révolution a ébréché en plusieurs endroits la tablette en brisant les armoiries ou les fleurs de lis des ornements. La plaque de fonte du foyer est retournée aussi, parce que, sans doute, elle dessinait sur sa face opposée les armes du roi; de grosses poutres noircies par la fumée, ainsi que les planches qu'elles portent, forment le plafond. Sous les pieds, ni parquet ni tapis; de simples carreaux de briques non vernissés, mais de couleur de terre et cassés en mille morceaux par les souliers ferrés et par les sabots de bois de paysans qui en avaient fait

leur salle de danse pendant l'emprisonnement de
mon père. Aucune tenture, aucun papier peint
sur les murs de la chambre ; rien que le plâtre
éraillé à plusieurs places et laissant voir la pierre
nue du mur, comme on voit les membres et les
os à travers un vêtement déchiré. Dans un angle,
un petit clavecin ouvert, avec des cahiers de mu-
sique du *Devin de village* de Jean-Jacques Rousseau, épars sur l'instrument ; plus près du feu,
au milieu de la chambre, une petite table à jeu
avec un tapis vert tout tigré de taches d'encre et
de trous dans l'étoffe ; sur la table, deux chan-
delles de suif qui brûlent dans deux chandeliers
de cuivre argenté, et qui jettent un peu de lueur
et de grandes ombres agitées par l'air sur les
murs blanchis de l'appartement.

En face de la cheminée, le coude appuyé sur la
table, un homme assis tient un livre à la main.
Sa taille est élevée, ses membres robustes. Il a
encore toute la vigueur de la jeunesse. Son front
est ouvert, son œil bleu ; son sourire ferme et
gracieux laisse voir des dents éclatantes. Quelques restes de son costume, sa coiffure surtout
et une certaine roideur militaire de l'attitude,
attestent l'officier retiré. Si on en doutait, on
n'aurait qu'à regarder son sabre, ses pistolets
d'ordonnance, son casque et les plaques dorées
des brides de son cheval qui brillent suspendus
par un clou à la muraille, au fond d'un petit cabinet ouvert sur la chambre. Cet homme, c'est
notre père.

Sur un canapé de paille tressée est assise,

dans l'angle que forment la cheminée et le mur
de l'alcôve, une femme qui paraît encore très-
jeune, bien qu'elle touche déjà à trente-cinq ans.
Sa taille, élevée aussi, a toute la souplesse et
toute l'élégance de celle d'une jeune fille. Ses
traits sont délicats, ses yeux noirs ont un regard si candide et si pénétrant ; sa peau transparente laisse tellement apercevoir sous son tissu
un peu pâle le bleu des veines et la mobile rougeur de ses moindres émotions ; ses cheveux très-
noirs, mais très-fins, tombent avec tant d'on-
doiements et des courbes si soyeuses le long de
ses joues, jusque sur ses épaules, qu'il est im-
possible de dire si elle a dix-huit ou trente ans.
Personne ne voudrait effacer de son âge une de
ses années, qui ne servent qu'à mûrir sa physionomie et à accomplir sa beauté.

Cette beauté, bien qu'elle soit pure dans chaque trait si on les contemple en détail, est visible surtout dans l'ensemble par l'harmonie, par
la grâce et surtout par ce rayonnement de tendresse intérieure, véritable beauté de l'âme qui
illumine le corps par dedans, lumière dont le
plus beau visage n'est que la manifestation en
dehors. Cette jeune femme, à demi renversée
sur des coussins, tient une petite fille endormie,
la tête sur une de ses épaules. L'enfant roule
encore dans ses doigts une des longues tresses
noires des cheveux de sa mère avec lesquelles
elle jouait tout à l'heure avant de s'endormir.
Une autre petite fille, plus âgée, est assise sur
un tabouret au pied du canapé ; elle repose sa

tête blonde sur les genoux de sa mère. Cette jeune femme, c'est ma mère ; ces deux enfants sont mes deux plus grandes sœurs. Deux autres sont dans les deux berceaux.

Mon père, je l'ai dit, tient un livre dans la main. Il lit à haute voix. J'entends encore d'ici le son mâle, plein, nerveux et cependant flexible de cette voix qui roule en larges et sonores périodes, quelquefois interrompues par les coups du vent contre les fenêtres. Ma mère, la tête un peu penchée, écoute en rêvant. Moi, le visage tourné vers mon père et le bras appuyé sur un de ses genoux, je bois chaque parole, je devance chaque récit, je dévore le livre dont les pages se déroulent trop lentement au gré de mon impatiente imagination. Or, quel est ce livre, ce premier livre dont la lecture, entendue ainsi à l'entrée de la vie, m'apprend réellement ce que c'est qu'un livre, et m'ouvre, pour ainsi dire, le monde de l'émotion, de l'amour et de la rêverie ?

Ce livre, c'était la *Jérusalem délivrée ;* la Jérusalem délivrée, traduite par Lebrun, avec toute la majesté harmonieuse des strophes italiennes, mais épurée par le goût exquis du traducteur de ces taches éclatantes d'affectation et de faux brillant qui souillent quelquefois la mâle simplicité du récit du Tasse, comme une poudre d'or qui ternirait un diamant, mais sur lequel le français a soufflé. Ainsi le Tasse, lu par mon père, écouté par ma mère avec des larmes dans les yeux, c'est le premier poëte qui ait touché les fibres de mon

imagination et de mon cœur. Aussi fait-il partie
pour moi de la famille universelle et immortelle
que chacun de nous se choisit dans tous les pays
et dans tous les siècles pour s'en faire la parenté
de son âme et la société de ses pensées.

J'ai gardé précieusement les deux volumes :
je les ai sauvés de toutes les vicissitudes que les
changements de résidence, les morts, les suc-
cessions, les partages apportent dans les biblio-
thèques de famille. De temps en temps, à Milly,
dans la même chambre, quand j'y reviens seul,
je les rouvre pieusement ; je relis quelques-unes
de ces mêmes strophes à demi-voix, en essayant
de me feindre à moi-même la voix de mon père,
et en m'imaginant que ma mère est là encore
avec mes sœurs, qui écoute et qui ferme les
yeux. Je retrouve la même émotion dans les vers
du Tasse, les mêmes bruits du vent dans les arbres, les mêmes petillements des ceps dans le
foyer ; mais la voix de mon père n'y est plus,
mais ma mère a laissé le canapé vide, mais les
deux berceaux se sont changés en deux tombeaux
qui verdissent sur des collines étrangères ! Et
tout cela finit toujours pour moi par quelques
larmes dont je mouille le livre en le refermant.

IV

Je vous ai parlé d'une autre scène d'enfance,
restée vivement imprimée dans ma mémoire à
l'origine de mes sensations. Comme elle vous
peindra en même temps la nature de l'éducation
première que j'ai reçue de ma mère, je vais aussi
vous la décrire :

C'est un jour d'automne, à la fin de septembre
ou au commencement d'octobre. Les brouillards,
un peu tempérés par le soleil encore tiède, flot-
tent sur les sommets des montagnes. Tantôt ils
s'engorgent en vagues paresseuses dans le lit
des vallées qu'ils remplissent comme un fleuve
surgi dans la nuit ; tantôt ils se déroulent sur les
prés à quelques pieds de terre, blancs et immobiles comme les toiles que les femmes du village étendent sur l'herbe pour les blanchir à la
rosée ; tantôt de légers coups de vent les déchi-
rent, les replient des deux côtés d'une rangée de
collines, et laissent apercevoir par moments, entre eux, de grandes perspectives fantastiques
éclairées par des traînées de lumières horizonta-
les qui ruissellent du globe à peine levé du soleil. Il n'est pas bien jour encore dans le village.

Je me lève. Mes habits sont aussi grossiers que
ceux des petits paysans voisins ; ni bas, ni souliers, ni chapeau ; un pantalon de grosse toile
écrue ; une veste de drap bleu à longs poils ; un
bonnet de laine teint en brun, comme celui que
les enfants des montagnes de l'Auvergne portent
encore : voilà mon costume. Je jette par-dessus
un sac de coutil qui s'entr'ouvre sur la poitrine
comme une besace à grande poche. Cette poche
contient, comme celle de mes camarades, un
gros morceau de pain noir mêlé de seigle, un
fromage de chèvre, gros et dur comme un cail-
lou, et un petit couteau d'un sou, dont le manche de bois mal dégrossi contient en outre une
fourchette de fer à deux longues branches. Cette
fourchette sert aux paysans, dans mon pays, à
puiser le pain, le lard ou les choux dans l'écuelle
où ils mangent la soupe. Ainsi équipé, je sors et
je vais sur la place du village, près du portail de
l'église, sous deux gros noyers. C'est là que, tous
les matins, se rassemblent autour de leurs moutons, de leurs chèvres et de quelques vaches mai-
gres, les huit ou dix petits bergers de Milly, à
peu près du même âge que moi, avant de partir
pour les montagnes.

Nous partons, nous chassons devant nous le
troupeau commun dont la longue file suit à pas
inégaux les sentiers tortueux et arides des premières collines. Chacun de nous à tour de rôle
va ramener les chèvres à coups de pierres, quand
elles s'égarent et franchissent les haies. Après
avoir gravi les premières hauteurs nues qui do-

minent le village et qu'on n'atteint pas en moins
d'une heure au pas des troupeaux, nous entrons
dans une gorge haute, très-espacée, où l'on n'a-
perçoit plus ni maison, ni fumée, ni culture.

Les deux flancs de ce bassin solitaire sont tout
couverts de bruyères aux petites fleurs violettes,
de longs genêts jaunes dont on fait des balais ;
çà et là quelques châtaigniers gigantesques étendent leurs longues branches à demi nues. Les
feuilles brunies par les premières gelées pleuvent autour des arbres au moindre souffle de l'air.
Quelques noires corneilles sont perchées sur les
rameaux les plus secs et les plus morts de ces
vieux arbres ; elles s'envolent en croassant à
notre approche. De grands aigles ou éperviers,
très-élevés dans le firmament, tournent pendant
des heures au-dessus de nos têtes, épiant les
alouettes dans les genêts ou les petits chevreaux
qui se rapprochent de leurs mères. De grandes
masses de pierres grises, tachetées et un peu jaunies par les mousses, sortent de terre par groupes sur les deux pentes escarpées de la gorge.

Nos troupeaux, devenus libres, se répandent à
leur fantaisie dans les genêts. Quant à nous, nous
choisissons un de ces gros rochers dont le sommet un peu recourbé sur lui-même dessine une
demi-voûte et défend de la pluie quelques pieds
de sable fin à ses pieds. Nous nous établissons
là. Nous allons chercher à brassées des fagots
de bruyères sèches et les branches mortes tom-
bées des châtaigniers pendant l'été. Nous bat-
tons le briquet. Nous allumons un de ces feux

de bergers si pittoresques à contempler de loin,
du pied des collines ou du pont d'un vaisseau,
quand on navigue en vue des terres.

Une petite flamme claire et ondoyante jaillit à
travers les vagues noires, grises et bleues de la
fumée du bois vert que le vent fouette comme
une crinière de cheval échappé. Nous ouvrons
nos sacs, nous en tirons le pain, le fromage, quelquefois les œufs durs, assaisonnés de gros grains
de sel gris. Nous mangeons lentement, comme le
troupeau rumine. Quelquefois, l'un d'entre nous
découvre à l'extrémité des branches d'un châtai-
gnier des gousses de châtaignes oubliées sur
l'arbre après la récolte. Nous nous armons tous
de nos frondes, nous lançons avec adresse une
nuée de pierres qui détachent le fruit de l'écorce
entr'ouverte, et le font tomber à nos pieds.

Nous le faisons cuire sous la cendre de notre
foyer, et si quelqu'un de nous vient à déterrer
de plus quelques pommes de terre oubliées dans
la glèbe d'un champ retourné, il nous les ap-
porte, nous les recouvrons de cendres et de char-
bons, et nous les dévorons toutes fumantes, as-
saisonnées de l'orgueil de la découverte et du
charme du larcin.

A midi, on rassemble de nouveau les chèvres
et les vaches couchées déjà depuis longtemps au
soleil sur la grasse litière des feuilles mortes et
des genêts. A mesure que le soleil en montant a
dispersé les brouillards sur ces cimes éclatantes
et tièdes de lumière, ils se sont accumulés dans
la vallée et dans les plaines. Nous voyons seule-

ment surgir au-dessus les cimes des collines, les
clochers de quelques hauts villages, et à l'extrémité de l'horizon les neiges rosées et ombrées du
Mont-Blanc, dont on distingue les ossements gigantesques, les arêtes vives et les angles ren-
trants ou sortants, comme si on était à une portée
de regard.

Les troupeaux réunis, on s'achemine vers la
vraie montagne. Nous laissons loin derrière nous
cette première gorge alpestre, où nous avions
passé la matinée. Les châtaigniers disparaissent;
de petites broussailles leur succèdent; les pentes
deviennent plus rudes; de hautes fougères les ta-
pissent; çà et là, les grosses campanules bleues
et les digitales pourprées les drapent de leurs
fleurs. Bientôt tout cela disparaît encore. Il n'y
a plus que de la mousse et des pierres roulantes
sur les flancs des montagnes.

Les troupeaux s'arrêtent là avec un ou deux
bergers. Les autres, et moi avec eux, nous avons
aperçu depuis plusieurs jours, au dernier sommet de la plus haute de ces cimes, à côté d'une
plaque de neige qui fait une tache blanche au
nord et qui ne fond que tard dans les étés froids,
une ouverture dans le rocher qui doit donner entrée à quelque caverne. Nous avons vu les aigles
s'envoler souvent vers cette roche; les plus har-
dis d'entre nous ont résolu d'aller dénicher les
petits. Armés de nos bâtons et de nos frondes,
nous y montons aujourd'hui. Nous avons tout
prévu, même les ténèbres de la caverne. Chacun
de nous a préparé depuis quelques jours un

flambeau pour s'y éclairer. Nous avons coupé
dans les bois des environs des tiges de sapin de
huit ou dix ans. Nous les avons fendues dans leur
longueur en vingt ou trente petites lattes de l'é-
paisseur d'une ligne ou deux. Nous n'avons laissé
intacte que l'extrémité inférieure de l'arbre ainsi
fendu, afin que les lattes ne se séparent pas et
qu'il nous reste un manche solide dans la main
pour les porter. Nous les avons reliées, en outre, de distance en distance, par des fils de fer
qui retiennent tout le faisceau uni. Pendant plusieurs semaines nous les avons fait dessécher en
les introduisant dans le four banal du village
après qu'on en a tiré le pain. Ces petits arbres ainsi
préparés, calcinés par le four et imbibés de la
résine naturelle au sapin, sont des torches qui
brûlent lentement, que rien ne peut éteindre, et
qui jettent des flammes d'une rougeur éclatante
au moindre vent qui les allume. Chacun de nous
porte un de ces sapins sur son épaule. Arrivés
au pied du rocher, nous le contournons à sa base
pour trouver accès à la bouche tortueuse de la
caverne qui s'entr'ouvre au-dessus de nos fronts.
Nous y parvenons en nous hissant de roche en
roche, et en déchirant nos mains et nos genoux.
L'embouchure, recouverte par une voûte naturelle d'immenses blocs buttés les uns contre les
autres, suffit à nous abriter tous. Elle se rétré-
cit bientôt, obstruée par des bancs de pierre qu'il
faut franchir, puis, tournant tout à coup et descen-
dant avec la rapidité d'un escalier sans marches,
elle s'enfonce dans la montagne et dans la nuit.

Là, le cœur nous manque un peu. Nous lançons des pierres dont le bruit lent à descendre remonte à nos oreilles en échos souterrains. Les chauves-souris effrayées sortent à ce bruit de leur antre, et nous frappent le visage de leurs membranes gluantes. Nous allumons deux ou trois de nos torches. Le plus hardi et le plus grand se hasarde le premier. Nous le suivons tous. Nous rampons un moment comme le renard dans sa tanière. La fumée des torches nous étouffe, mais rien ne nous rebute, et la voûte s'élargissant et se relevant tout à coup, nous nous trouvons dans une de ces vastes salles souterraines dont les cavernes des montagnes sont presque toujours l'indice et qui leur servent pour ainsi dire à respirer l'air extérieur. Un petit bassin d'eau limpide réfléchit au fond la lueur de nos torches. Des gouttes brillantes comme le diamant suintent des parois de la voûte, et, tombant par intervalles réguliers dans le bassin, y produisent ce tintement sonore, harmonieux et plaintif, qui, pour les petites sources comme pour les grandes mers, est toujours la voix de l'eau. L'eau est l'élément triste. *Super flumina Babylonis sedimus et flevimus.* Pourquoi? C'est que l'eau pleure avec tout le monde. Tout enfants que nous sommes, nous ne pouvons nous empêcher d'en être émus.

Assis au bord du bassin murmurant, nous triomphons longtemps de notre découverte, bien que nous n'ayons trouvé ni lions ni aigles, et que la fumée de bien des feux noircissant le rocher çà et là dût nous convaincre que nous n'étions pas les premiers introduits dans ce secret de la montagne. Nous nous baignons dans ce bassin ; nous trempons nos pains dans son onde ; nous nous oublions longtemps à la recherche de quelque autre branche de la caverne, si bien qu'à notre sortie le jour est tombé et la nuit montre ses premières étoiles.

Nous attendons que les ténèbres soient encore un peu plus profondes. Alors nous allumons tous ensemble nos troncs de sapins par l'extrémité. Nous les portons la flamme en l'air. Nous descendons rapidement de sommets en sommets comme des étoiles filantes. Nous faisons des évolutions lumineuses sur les tertres avancés, d'où les villages lointains de la plaine peuvent nous apercevoir. Nous roulons ensemble jusqu'à nos troupeaux comme un torrent de feu. Nous les chassons devant nous en criant et en chantant. Arrivés enfin sur la dernière colline qui domine le hameau de Milly, nous nous arrêtons, sûrs d'être regardés, sur une pelouse en pente ; nous formons des rondes, nous menons des danses, nous croisons nos pas en agitant nos petits arbres enflammés au-dessus de nos têtes ; puis nous les jetons à demi consumés sur l'herbe. Nous en faisons un seul feu de joie que nous regardons lentement brûler en redescendant vers la maison de nos mères.

Ainsi se passaient, avec quelques variations selon les saisons, mes jours de berger. Tantôt c'était la montagne avec ses cavernes, tantôt les

prairies avec leurs eaux sous les saules; les écluses des moulins, dans lesquelles nous nous exer-
cions à nager; les jeunes poulains montés à cru
et domptés par la course; tantôt la vendange avec
ses chars remplis de raisins, dont je conduisais
les bœufs avec l'aiguillon du bouvier, et les cu-
ves écumantes que je foulais tout nu avec mes
camarades; tantôt la moisson, et le seuil de terre
où je battais le blé en cadence avec le fléau pro-
portionné à mes bras d'enfant. Jamais homme ne
fut élevé plus près de la nature et ne suça plus
jeune l'amour des choses rustiques, l'habitude de
ce peuple heureux qui les exerce, et le goût de
ces métiers simples mais variés comme les cul-
tures, les sites, les saisons, qui ne font pas de
l'homme une machine à dix doigts sans âme,
comme les monotones travaux des autres indus-
tries, mais un être sentant, pensant et aimant,
en communication perpétuelle avec la nature qu'il
respire par tous les pores, et avec Dieu qu'il sent
par tous ses bienfaits.

Elles furent humbles, sévères et douces, les
premières impressions de ma vie. Les premiers
paysages que mes yeux contemplèrent n'étaient
pas de nature à agrandir ni à colorer beaucoup
les ailes de ma jeune imagination. Ce n'est que
plus tard et peu à peu que les magnifiques scènes
de la création, la mer, les sublimes montagnes,
les lacs resplendissants des Alpes, et les monu-
ments humains dans les grandes villes frappèrent
mes yeux. Au commencement je ne vis que ce
que voient les enfants du plus agreste hameau

dans un pays sans physionomie grandiose. Peut-être est-ce la meilleure condition pour bien jouir de la nature et des ouvrages des hommes que de commencer par ce qu'il y a de plus modeste et de plus vulgaire, et de s'initier, pour ainsi dire, lentement et à mesure que l'âme se développe, aux spectacles du monde. L'aigle lui-même, destiné à monter si haut et à voir de si loin, commence sa vie dans les crevasses de sa roche, et ne voit dans sa jeunesse que les bords arides et souvent fétides de son nid.

Le village obscur où le ciel m'avait fait naître, et où la révolution et la pauvreté avaient confiné mon père et ma mère, n'avait rien qui pût marquer ni décorer la place de l'humble berceau d'un peintre ou d'un contemplateur de l'œuvre de Dieu.

En quittant le lit de la Saône creusé au milieu de vertes prairies et sous les fertiles coteaux de Mâcon, et en se dirigeant vers la petite ville et vers les ruines de l'antique abbaye de Cluny, où mourut Abailard, on suit une route montueuse à travers les ondulations d'un sol qui commence à s'enfler à l'œil comme les premières vagues d'une mer montante. A droite et à gauche blanchissent des hameaux au milieu des vignes. Au-dessus de ces hameaux, des montagnes nues et sans culture étendent en pentes rapides et rocailleuses des pelouses grises où l'on distingue comme des points blancs de rares troupeaux. Toutes ces montagnes sont couronnées de quelques masses de rochers qui sortent de terre, et dont les dents

usées par le temps et par les vents présentent à
l'œil les formes et les déchirures de vieux châ-
teaux démantelés. En suivant la route qui circule
autour de la base de ces collines, à environ deux
heures de marche de la ville, on trouve à gauche un petit chemin étroit voilé de saules, qui
descend dans les prés vers un ruisseau où l'on
entend perpétuellement battre la roue d'un mou-
lin.

Ce chemin serpente un moment sous les aul-
nes, à côté du ruisseau qui le prend aussi pour
lit quand les eaux courantes sont un peu grossies
par les pluies; puis on traverse l'eau sur un petit pont, et on s'élève par une pente tournoyante,
mais rapide, vers des masures couvertes de tuiles rouges qu'on voit groupées au-dessus de soi,
sur un petit plateau. C'est notre village. Un clocher de pierres grises, en forme de pyramide, y
surmonte sept à huit maisons de paysans. Le
chemin pierreux s'y glisse de porte en porte entre ces chaumières. Au bout de ce chemin, on
arrive à une porte un peu plus haute et un peu
plus large que les autres. C'est celle de la cour
au fond de laquelle se cache la maison de mon
père.

La maison s'y cache en effet, car on ne la voit
d'aucun côté, ni du village ni de la grand' route.
Bâtie dans le creux d'un large pli de vallon, dominée de toutes parts par le clocher, par les bâ-
timents rustiques ou par des arbres, adossée à
une assez haute montagne, ce n'est qu'en gravis-
sant cette montagne et en se retournant qu'on

voit en bas cette maison basse mais massive qui
surgit, comme une grosse borne de pierre noirâ-
tre, à l'extrémité d'un étroit jardin. Elle est car-
rée, elle n'a qu'un étage et trois larges fenêtres
sur chaque face. Les murs n'en sont point crépis ;
la pluie et la mousse ont donné aux pierres la
teinte sombre et séculaire des vieux cloîtres d'abbaye. Du côté de la cour, on entre dans la maison par une haute porte en bois sculpté. Cette
porte est assise sur un large perron de cinq marches en pierres de taille. Mais les pierres, quoique de dimension colossale, ont été tellement
écornées, usées, morcelées par le temps et par
les fardeaux qu'on y dépose, qu'elles sont entièrement disjointes, qu'elles vacillent en murmurant sourdement sous les pas, que les orties, les
pariétaires humides y croissent çà et là dans les
interstices, et que les petites grenouilles d'été,
à la voix si douce et si mélancolique, y chantent
le soir comme dans un marais.

On entre d'abord dans un corridor large et bien
éclairé, mais dont la largeur est diminuée par de
vastes armoires de noyer sculpté où les paysans
enferment le linge du ménage, et par des sacs de
blé ou de farine déposés là pour les besoins jour-
naliers de la famille. A gauche est la cuisine,
dont la porte, toujours ouverte, laisse apercevoir
une longue table de bois de chêne entourée de
bancs. Il est rare qu'on n'y voie pas des paysans
attablés à toute heure du jour, car la nappe y
est toujours mise, soit pour les ouvriers, soit
pour ces innombrables survenants à qui l'on offre

habituellement le pain, le vin et le fromage, dans des campagnes éloignées des villes et qui n'ont ni auberge ni cabaret. A gauche, on entre dans la salle à manger. Rien ne la décore qu'une table de sapin, quelques chaises et un de ces vieux buffets à compartiments, à tiroirs et à nombreuses étagères, meuble héréditaire dans toutes les vieilles demeures, et que le goût actuel vient de rajeunir en les recherchant. De la salle à manger, on passe dans un salon à deux fenêtres, l'une sur la cour, l'autre au nord, sur un jardin. Un escalier, alors en bois, que mon père fit refaire en pierres grossièrement taillées, mène à l'étage unique et bas où une dizaine de chambres presque sans meubles ouvrent sur des corridors obscurs. Elles servaient alors à la famille, aux hôtes et aux domestiques. Voilà tout l'intérieur de cette maison, qui nous a si longtemps couvés dans ses murs sombres et chauds ; voilà le toit que ma mère appelait avec tant d'amour sa Jérusalem, sa maison de paix ! Voilà le nid qui nous abrita tant d'années de la pluie, du froid, de la faim, du souffle du monde ; le nid où la mort est venue prendre tour à tour le père et la mère, et dont les enfants se sont successivement envolés, ceux-ci pour un lieu, ceux-là pour un autre, quelques-uns pour l'éternité !... J'en conserve précieusement les restes, la paille, les mousses, le duvet ; et bien qu'il soit maintenant vide, désert et refroidi de toutes ces délicieuses tendresses qui l'animaient, j'aime à le revoir, j'aime à y coucher encore quelquefois, comme si je devais y retrouver à mon réveil la voix de ma mère, les pas de mon père, les cris joyeux de mes sœurs, et tout ce bruit de jeunesse, de vie et d'amour qui résonne pour moi seul sous les vieilles poutres, et qui n'a plus que moi pour l'entendre et pour le perpétuer un peu de temps.

L'extérieur de cette demeure répond au dedans. Du côté de la cour, la vue s'étend seulement sur les pressoirs, les bûchers et les étables qui l'entourent. La porte de cette cour, toujours ouverte sur la rue du village, laisse voir tout le jour les paysans qui passent pour aller aux champs ou pour en revenir; ils ont leurs outils sur une épaule,. et quelquefois, sur l'autre, un long berceau où dort leur enfant. Leur femme les suit à la vigne, portant un dernier-né à la mamelle. Une chèvre avec son chevreau vient après. s'arrête un moment pour jouer avec les chiens près de la porte, puis bondit pour les rejoindre.

De l'autre côté de la rue est un four banal qui fume toujours, rendez-vous habituel des vieillards, des pauvres femmes qui filent et des enfants qui s'y chauffent à la cendre de son foyer jamais éteint. Voilà tout ce qu'on voit d'une des fenêtres du salon.

L'autre fenêtre, ouverte au nord, laisse plonger le regard au-dessus des murs du jardin et des tuiles de quelques maisons basses, sur un horizon de montagnes sombres et presque toujours nébuleux, d'où surgit, tantôt éclairé par un rayon de soleil orangé, tantôt du milieu des brouillards, un vieux château en ruines, enve-

loppé de ses tourelles et de ses tours. C'est le
trait caractéristique de ce paysage. Si l'on enle-
vait cette ruine, les brillants reflets du soir sur
ses murs, les fantasques tournoiements des fu-
mées de la brume autour de ses donjons dispa-
raîtraient pour jamais avec elle. Il ne resterait
qu'une montagne noire et un ravin jaunâtre. Une
voile sur la mer, une ruine sur une colline sont
un paysage tout entier. La terre n'est que la
scène; la pensée, le drame et la vie pour l'œil
sont dans les traces de l'homme. Là où est la vie,
là est l'intérêt.

Le derrière de la maison donne sur le jardin,
petit enclos de pierres brunes d'un quart d'arpent. Au fond du jardin, la montagne commence
à s'élever insensiblement, d'abord cultivée et
verte de vignes, puis pelée, grise et nue comme
ces mousses sans terre végétale qui croissent
sur la pierre, et qu'on n'en distingue presque
pas. Deux ou trois roches ternes aussi tracent
une légère dentelure à son sommet. Pas un arbre,
pas même un arbuste ne dépasse la hauteur de
la bruyère qui la tapisse. Pas une chaumière,
pas une fumée ne l'anime. C'est peut-être ce qui
fait le charme secret de ce jardin. Il est comme
un berceau d'enfant que la femme du laboureur
a caché dans un sillon pendant qu'elle travaille.
Les deux flancs du sillon cachent les bords du
ruisseau, et quand le rideau est levé, l'enfant
ne peut voir qu'un pan du ciel entre deux ondulations du terrain.

Quant au jardin en lui-même, il n'en a guère

que le nom. Il n'eût pu compter pour un jardin
qu'aux jours primitifs où Homère décrit le modeste enclos et les sept prairies du vieillard
Laërte. Huit carrés de légumes coupés à angles
droits, bordés d'arbres fruitiers et séparés par
des allées d'herbes fourragéres et de sable jaune ;
à l'extrémité de ces'allées, au nord, huit troncs
tortueux de vieilles charmilles qui forment un
ténébreux berceau sur un banc de bois ; un autre
berceau plus petit au fond du jardin, tressé en
vignes grimpantes de Judée sous deux cerisiers;
voilà tout. J'oubliais, non pas la source mur-
murante, non pas même le puits aux pierres ver-
dâtres et humides : il n'y a pas une goutte d'eau
sur toute cette terre; mais j'oubliais un petit
réservoir creusé par mon père dans le rocher
pour recueillir les ondées de pluie; et autour de
cette eau verte et stagnante, douze sycomores
et quelques platanes, qui couvrent d'un peu
d'ombre un coin du jardin derrière les murs, et
qui sèment de leurs larges feuilles, jaunies par
l'été, la nappe huileuse du bassin.

Oui, voilà bien tout. Et c'est là pourtant ce
qui a suffi pendant tant d'années à la jouissance,
à la joie, à la rêverie, aux doux loisirs et au travail d'un père, d'une mère et de huit enfants !
Voilà ce qui suffit encore aujourd'hui à la nourriture de leurs souvenirs. Voilà l'Eden de leur
enfance où se réfugie leurs plus sereines pensées quand elles veulent retrouver un peu de
cette rosée du matin de la vie, et un peu de cette
lumière colorée de la première heure qui ne

brille pure et rayonnante pour l'homme que sur
ces premiers sites de son berceau. Il n'y a pas
un arbre, un œillet, une mousse de ce jardin,
qui ne soit incrusté dans notre âme comme s'il
en faisait partie! Ce coin de terre nous semble
immense, tant il contient pour nous de choses
et de mémoires dans un si étroit espace. La pauvre grille de bois, toujours brisée, qui y conduit, et par laquelle nous nous précipitions avec
des cris de joie; les plates-bandes de laitues
qu'on avait divisées pour nous en autant de
petits jardins séparés et que nous cultivions
nous-mêmes; le plateau au pied duquel notre
père s'asseyait, avec ses chiens à ses pieds, au
retour de la chasse; l'allée où notre mère se promenait au soleil couchant en murmurant tout
bas le rosaire monotone qui fixait sa pensée à
Dieu, pendant que son cœur et ses yeux nous
couvaient près d'elle; le coin du gazon à l'ombre et au nord, pour les jours chauds; le petit mur
tiède au midi où nous nous rangions, nos livres à
la main, au soleil, comme des espaliers en automne; les trois lilas, les deux noisetiers, les
fraises découvertes sous les feuilles, les prunes,
les poires, les pêches trouvées le matin toutes
gluantes de leur gomme d'or et toutes mouillées
de rosée sous l'arbre; et, plus tard, le berceau
de charmilles que chacun de nous, et moi surtout, cherchait à midi pour lire en paix ses livres
favoris; et le souvenir des impressions confuses
qui naissaient en nous de ces pages; et, plus
tard encore, la mémoire des conversations in-

times tenues ici ou là, dans telle ou telle allée
de ce jardin ; et la place où l'on se dit adieu en
partant pour de longues absences, celle où l'on se
retrouva au retour, celles où se passèrent quelques-unes de ces scènes intimes pathétiques de
ce drame intime caché de la famille, où l'on vit
se rembrunir le visage de son père, où notre
mère pleura en nous pardonnant, où l'on tomba
à ses genoux en cachant son front dans sa robe ;
celle où l'on vint lui annoncer la mort d'une fille
chérie, celle où elle éleva ses yeux et ses mains
résignés vers le ciel ! Toutes ces images, toutes
ces empreintes, tous ces groupes, toutes ces fi-
gures, toutes ces félicités, toutes ces tendresses
peuplent encore pour nous ce petit enclos comme
ils l'ont peuplé, vivifié, enchanté pendant tant de
jours, les plus doux des jours, et font que, re-
cueillant par la pensée notre existence extrava-
sée depuis, dans ces mêmes allées, nous nous
enveloppons pour ainsi dire de ce sol, de ces arbres, de ces plantes nées avec nous, et nous vou-
drions que l'univers commençât et finît pour
nous avec les murs de ce pauvre enclos !

Ce jardin paternel a encore maintenant le même
aspect. Les arbres un peu vieillis commencent
seulement à tapisser leurs troncs de taches de
mousse ; les bordures de roses et d'œillets ont
empiété sur le sable, rétréci les sentiers. Ces
bordures traînent leurs filaments où les pieds
s'embarrassent. Deux rossignols chantent encore
les nuits d'été dans les deux berceaux déserts.
Les trois sapins plantés par ma mère ont encore

dans leurs rameaux les mêmes brises mélodieuses. Le soleil a le même éclat sur les nues à son couchant. On y jouit du même silence, interrompu seulement de temps en temps par le tintement des angelus dans le clocher, ou par la cadence monotone et assoupissante des fléaux qui battent le blé sur les aires dans les granges. Mais les herbes parasites, les ronces, les grandes mauves bleues s'élèvent par touffes épaisses entre les rosiers. Le lierre épaissit ses draperies déchirées contre les murs. Il empiète chaque année davantage sur les fenêtres toujours fermées de la chambre de notre mère; et quand, par hasard, je m'y promène et que je m'y oublie un moment, je ne suis arraché à ma solitude que par les pas du vieux vigneron qui nous servait de jardinier dans ces jours-là, et qui revient de temps en temps visiter ses plantes comme moi mes souvenirs, mes apparitions et mes regrets.

Vous connaissez maintenant cette demeure aussi bien que moi. Mais que ne puis-je un seul moment animer pour vous ce séjour de la vie, du mouvement, du bruit, des tendresses qui le remplissaient pour nous! J'avais déjà dix ans que je ne savais pas encore ce que c'était qu'une amertume de cœur, une gêne d'esprit, une sévérité du visage humain. Tout était libre en moi et souriant autour de moi. Je n'étais pourtant ni énervé par les complaisances de ceux à qui je devais obéir, ni abandonné sans frein aux capricieuses exigences de mes imaginations ou de mes volontés d'enfant. Je vivais seulement dans un milieu sein et salutaire de la plénitude de la vie, entre mon père et ma père, et ne respirant autour d'eux que tendresse, piété et contentement. Aimer et être aimé, c'était jusque-là toute mon éducation physique; elle se faisait aussi d'elle-même au grand air et dans les exercices presque sauvages que je vous ai décrits. Plante de pleine terre et de montagne, on se gardait bien de m'abriter. On me laissait croître et me fortifier en luttant l'hiver et l'été avec les éléments. Ce régime me réussissait à merveille, et j'étais alors un des plus beaux enfants qui aient jamais foulé de leurs pieds nus les pierres de nos montagnes, où la race humaine est cependant si saine et si belle. Des yeux d'un bleu noir, comme ceux de ma mère; des traits accentuées, mais adoucis par une expression un peu pensive, comme était la sienne; un éblouissant rayon de joie intérieure éclairant tout ce visage; des cheveux très-souples et très-fins, d'un brun doré comme l'écorce mûre de la châtaigne, tombant en ondes plutôt qu'en boucles sur mon cou bruni par le hâle; la taille haute déjà pour mon âge, les mouvements lestes et flexibles; seulement une extrême délicatesse de peau, qui me venait aussi de ma mère, et une facilité à rougir et à palir qui trahissait la finesse des tissus, la rapidité et la puissance des émotions du cœur sur le visage; en tout le portrait de ma mère, avec l'accent viril de plus dans l'expression : voilà l'enfant que j'étais alors. Heureux de formes, heureux de cœur, heureux

de caractère, la vie avait écrit bonheur, force
et santé sur tout mon être. Le temps, l'éducation, les fautes, les hommes, les chagrins l'ont
effacé, mais je n'en accuse qu'eux et moi surtout.

Mon éducation était toute dans les yeux plus
ou moins sereins et dans le sourire plus ou moins
ouvert de ma mère. Les rênes de mon cœur
étaient dans le sien. Elle ne me demandait que d'ê-
tre vrai et bon. Je n'avais aucune peine à l'être.
Mon père me donnait l'exemple de la sincérité jusqu'au scrupule; ma mère, de la bonté jusqu'au
dévouement le plus héroïque. Mon âme, qui ne
respirait que la bonté, ne pouvait pas produire
autre chose. Je n'avais jamais à lutter ni avec
moi-même, ni avec personne. Tout m'attirait, rien
ne me contraignait. Le peu qu'on m'enseignait
m'était présenté comme une récompense. Mes
maîtres n'étaient que mon père et ma mère. Je
les voyais lire, et je voulais lire; je les regardais
écrire, et je leur demandais de m'aider à former
mes lettres. Tout cela se faisait en jouant, aux
moments perdus, sur les genoux, dans le jardin,
au coin du feu du salon, avec des sourires, des
badinages, des caresses. J'y prenais goût; je pro-
voquais moi-même les courtes et amusantes leçons. J'ai ainsi tout su, un peu plus tard, il est
vrai, mais sans me souvenir comment j'ai appris
et sans qu'un sourcil se soit froncé pour me faire
apprendre. J'avançais sans me sentir marcher.
Ma pensée, toujours en communication avec celle
de ma mère, se développait, pour ainsi dire, dans

la sienne. Les autres mères ne portent que neuf
mois leur enfant dans leur sein, je puis dire que
la mienne m'a porté douze ans dans le sien, et
que j'ai vécu de sa vie morale, comme j'avais
vécu de sa vie physique dans ses flancs, jusqu'au
moment où j'en fus arraché pour aller vivre de
la vie putride ou tout au moins glaciale des col-
léges.

Je n'eus donc ni maître d'écriture, ni maître
de lecture, ni maître de langues. Un voisin de
mon père, M. Bruys de Vaudran, homme de talent retiré du monde, où il avait beaucoup vécu,
venait nous voir une fois par semaine. Il me donnait, d'une très-belle main, des exemples d'écriture que je copiais seul, et que je lui remettais
à corriger à son retour. Le goût de la lecture
m'avait pris de bonne heure. On avait peine à
me trouver assez de livres appropriés à mon âge
pour alimenter ma curiosité. Ces livres d'enfants
ne me suffisaient déjà plus. Je regardais avec envie
les volumes rangés sur quelques planches dans un
petit cabinet du salon. Mais ma mère modérait
chez moi cette impatience de connaître. Elle ne
me livrait que peu à peu les livres, et avec intelligence. La Bible abrégée et épurée, les fables de
la Fontaine, qui me paraissaient à la fois pué-
riles, fausses et cruelles, et que je ne pus jamais
apprendre par cœur; les ouvrages de madame
de Genlis, ceux de Berquin, des morceaux de
Fénelon et de Bernardin de Saint-Pierre, qui me
ravissaient dès ce temps-là; la *Jérusalem délivrée*, *Robinson*, quelques tragédies de Voltaire,

surtout *Mérope*, lue par mon père à la veillée :
c'est là que je puisais, comme la plante dans le
sol, les premiers sucs nourriciers de ma jeune intelligence. Mais je puisais surtout dans l'âme de
ma mère, je lisais à travers ses yeux, je sentais à
travers ses impressions, j'aimais à travers son
amour. Elle me traduisait tout, nature, sentiment, sensations, pensées. Sans elle je n'aurais
rien su épeler de la création que j'avais sous les
yeux; mais elle me mettait le doigt sur toute
chose. Son âme était si lumineuse, si colorée et
si chaude, qu'elle ne laissait de ténèbres et de
froid sur rien. En me faisant peu à peu tout comprendre, elle me faisait en même temps tout aimer. En un mot, l'instruction insensible que je
recevais n'était point une leçon : c'était l'action
même de vivre, de penser et de sentir que j'ac-
complissais sous ses yeux, avec elle, comme elle
et par elle. C'est ainsi que mon cœur se formait
en moi sur un modèle que je n'avais pas même
la peine de regarder, tant il était confondu avec
mon propre cœur.

Ma mère s'inquiétait très-peu de ce qu'on entend par instruction; elle n'aspirait pas à faire de
moi un enfant avancé pour son âge. Elle ne me pro-
voquait pas à cette émulation qui n'est qu'une ja-
lousie de l'orgueil des enfants. Elle ne me laissait
comparer à personne; elle ne m'exaltait ni ne m'hu-
miliait jamais par ces comparaisons dangereuses.
Elle pensait avec raison qu'une fois mes forces in-
tellectuelles développées par les années et par la
santé du corps et de l'esprit, j'apprendrais aussi

couramment qu'un autre le peu de grec, de latin
et de chiffres dont se compose cette banalité let
trée qu'on appelle une éducation. Ce qu'elle voulait, c'était faire en moi un enfant heureux, un esprit sain et une âme aimante, une créature de Dieu,
et non une poupée des hommes. Elle avait puisé
ses idées sur l'éducation d'abord dans son âme,
et puis dans Jean-Jacques Rousseau et dans Bernardin de Saint-Pierre, ces deux philosophes des
femmes, parce qu'ils sont les philosophes du
sentiment. Elle les avait connus ou entrevus
l'un et l'autre dans son enfance chez sa mère ; elle
les avait lus et vivement goûtés depuis ; elle avait
entendu, toute jeune, débattre mille fois leurs
systèmes par madame de Genlis et par les personnes habiles chargées d'élever les enfants de
M. le duc d'Orléans. On sait que ce prince fut
le premier qui osa appliquer les théories de cette
philosophie naturelle à l'éducation de ses fils. Ma
mère, élevée avec eux et presque comme eux,
devait transporter aux siens ces traditions de son
enfance. Elle le faisait avec choix et discerne-
ment. Elle ne confondait pas ce qu'il convient d'apprendre à des princes, placés au sommet d'un
ordre social, avec ce qu'il convient d'enseigner à
des enfants de pauvres et obscures familles, placés tout près de la nature dans les conditions
modestes du travail et de la simplicité. Mais ce
qu'elle pensait, c'est que, dans toutes les conditions de la vie, il faut d'abord faire un homme,
et que, quand l'homme est fait, c'est-à-dire l'être
intelligent, sensible et en rapports justes avec

9

lui-même, avec les autres hommes et avec Dieu, qu'il soit prince ou ouvrier, peu importe, il est ce qu'il doit être; ce qu'il est est bien, et l'œuvre de sa mère est accomplie.

C'est d'après ce système qu'elle m'élevait. Mon éducation était une éducation philosophique de seconde main, une éducation philosophique corrigée et attendrie par la maternité.

Physiquement, cette éducation découlait beaucoup de Pythagore et de l'*Émile*. Ainsi, la plus grande simplicité de vêtement et la plus rigoureuse frugalité dans les aliments en faisaient la base. Ma mère était convaincue, et j'ai comme elle cette conviction, que tuer les animaux pour se nourrir de leur chair et de leur sang est une des infirmités de la condition humaine; que c'est une de ces malédictions jetées sur l'homme, soit par sa chute, soit par l'endurcissement de sa propre perversité. Elle croyait, et je le crois comme elle, que ces habitudes d'endurcissement de cœur, à l'égard des animaux les plus doux, nos compagnons, nos auxiliaires, nos frères en travail et même en affection ici-bas; que ces immolations, ces appétits de sang, cette vue des chairs palpitantes, sont faits pour brutaliser et pour endurcir les instincts du cœur. Elle croyait, et je le crois aussi, que cette nourriture, bien plus succulente et bien plus énergique en apparence, contient en soi des principes irritants et putrides qui aigrissent le sang et abrégent les jours de l'homme. Elle citait, à l'appui de ces idées d'abstinence, les populations innombrables,

douces, pieuses de l'Inde, qui s'interdisent tout
ce qui a eu vie, et les races fortes et saines des
peuples pasteurs, et même des populations labo-
rieuses de nos campagnes, qui travaillent le plus,
qui vivent le plus innocemment et les plus longs
jours, et qui ne mangent pas de viande dix fois
dans leur vie. Elle ne m'en laissa jamais manger
avant l'âge où je fus jeté dans la vie pêle-mêle
des collèges. Pour m'en ôter le désir, si je l'avais
eu, elle n'employa pas de raisonnements ; mais
elle se servit de l'instinct qui raisonne mieux en
nous que la logique. J'avais un agneau qu'un
paysan de Milly m'avait donné, et que j'avais
élevé à me suivre partout comme le chien le plus
tendre et le plus fidèle. Nous nous aimions avec
cette première passion que les enfants et les jeunes
animaux ont naturellement les uns pour les
autres. Un jour, la cuisinière dit à ma mère en
ma présence : « Madame, l'agneau est gras ; voilà
le boucher qui vient le demander : faut-il le lui
donner? » Je me récriai, je me précipitai sur
l'agneau, je demandai ce que le boucher voulait en faire et ce que c'était qu'un boucher. La
cuisinière me répondit que c'était un homme
qui tuait les agneaux, les moutons, les petits
veaux et les belles vaches pour de l'argent. Je
ne pouvais pas le croire. Je priai ma mère.
J'obtins facilement la grâce de mon ami. Quelques jours après, ma mère allant à la ville me
mena avec elle et me fit passer, comme par hasard, dans la cour d'une boucherie. Je vis des
hommes, les bras nus et sanglants, qui assom-

maient un bœuf; d'autres qui égorgeaient des
veaux et des· moutons, et qui dépeçaient leurs
membres encore pantelants. Des ruisseaux de
sang fumaient çà et là sur le pavé. Une profonde
pitié mêlée d'horreur me saisit. Je demandai à
passer vite. L'idée de ces scènes horribles et dégoûtantes, préliminaires obligés d'un de ces plats
de viande que je voyais servir sur la table, me
fit prendre la nourriture animale en dégoût et les
bouchers en horreur. Bien que la nécessité de se
conformer aux conditions de la société où l'on vit
m'ait fait depuis manger tout ce que le monde
mange, j'ai conservé une répugnance raisonnée
pour la chair cuite, et il m'a toujours été difficile
de ne pas voir dans l'état de boucher quelque
chose de l'état de bourreau. Je ne vécus donc,
jusqu'à douze ans, que de pain, de laitage, de légumes et de fruits. Ma santé n'en fut pas moins
forte, mon développement moins rapide, et peut-
être est-ce à ce régime que je dus cette pureté
de traits, cette sensibilité exquise d'impressions
et cette douceur sereine d'humeur et de caractère que je conservai jusqu'à cette époque

Quant aux sentiments et aux idées, ma mère
en suivait le développement naturel chez moi en
le dirigeant sans que je m'en aperçusse, et peut-
être sans s'en apercevoir elle-même. Son système
n'était point un art, c'était un amour. Voilà pourquoi il était infaillible. Ce qui l'occupait par-dessus
tout, c'était de tourner sans cesse mes pensées vers
Dieu et de vivifier tellement ces pensées par la présence et par le sentiment continuels de Dieu dans

mon âme, que ma religion devînt un plaisir et
ma foi un entretien avec l'invisible. Il était difficile
qu'elle n'y réussît pas, car sa piété avait le caractère de tendresse comme toutes ses autres vertus.

Ma mère n'était pas précisément ce qu'on entend par une femme de génie dans ce siècle où
les femmes se sont élevées à une si grande hauteur de pensée, de style et de talent dans tous les
genres. Elle n'y prétendit même jamais. Elle
n'exerçait pas son intelligence sur ces vastes su-
jets. Elle ne forçait pas par la réflexion les ressorts
faciles et élastiques de sa souple imagination. Elle
n'avait en elle ni le métier ni l'art de la femme
supérieure de ce temps.

Elle n'écrivait jamais pour écrire, encore moins
pour être admirée, bien qu'elle écrivit beaucoup
pour elle-même et pour retrouver dans un registre
de sa conscience et des événements de sa vie intérieure un miroir moral d'elle-même où elle se
regardait souvent pour se comparer et s'amélio-
rer. Cette habitude d'enregistrer sa vie, qu'elle a
conservée jusqu'à la fin, a produit quinze à vingt
volumes de confidences intimes d'elle à Dieu, que
j'ai eu le bonheur de conserver, et où je la retrouve toute vivante quand j'ai besoin de me ré-
fugier encore dans son sein.

Elle avait peu lu, de peur d'effleurer sa foi si
vive et si obéissante. Elle n'écrivait pas avec cette
force de conception et avec cet éclat d'images qui
caractérisent le don de l'expression. Elle parlait
et écrivait avec cette simplicité claire et limpide
d'une femme qui ne se recherche jamais elle-

même, et qui ne demande aux mots que de rendre
avec justesse sa pensée, comme elle ne demandait .
à ses vêtements que de la vêtir et non de l'em-
bellir. Sa supériorité n'était point dans sa tête,
mais dans son âme. C'est dans le cœur que Dieu
a placé le génie des femmes, parce que les œuvres
de ce génie sont toutes des œuvres d'amour. Tendresse, piété, courage, héroïsme, constance, dévouement, abnégation d'elle-même, sérénité sensible, mais dominant par la foi et par la volonté
ce qui souffrait en elle : tels étaient les traits de
ce génie élevé que tous ceux qui l'approchaient
sentaient dans sa vie et non dans ses œuvres
écrites. Ce n'est que par l'attrait qu'on se sentait
dominé auprès d'elle. C'était une supériorité qu'on
ne reconnaissait qu'en l adorant.

Le fond de cette âme, c'était un sentiment immense, tendre et consolant de l'infini. Elle était
trop sensible et trop juste pour les misérables petites ambitions de ce monde. Elle le traversait,
elle ne l'habitait pas. Ce sentiment de l'infini en
tout, et surtout en amour, avait dû se convertir
pour elle en une invocation et en une aspiration
perpétuelle à celui qui en est la source, c'est-à-
dire à Dieu. On peut dire qu'elle vivait en Dieu autant qu'il est permis à une créature d'y vivre. Il
n'y a pas une des faces de son âme qui n'y fût
sans cesse tournée, qui ne fût transparente, lumineuse, réchauffée par ce rayonnement d'en haut,
découlant directement de Dieu sur nos pensées.
Il en resultait pour elle une piété qui ne s'assom-
brissait jamais. Elle n'était pas dévote dans le

mauvais sens du mot; elle n'avait aucune de ces
terreurs, de ces puérilités, de ces asservissements
de l'âme, de ces abrutissements de la pensée qui
composent la dévotion chez quelques femmes et
qui ne sont en elles qu'une enfance prolongée
toute la vie, ou une vieillesse chagrine et jalouse
qui se venge par une passion sacrée des passions
profanes qu'elles ne peuvent plus avoir.

Sa religion était, comme son génie, tout entière
dans son âme. Elle croyait humblement; elle aimait ardemment; elle espérait fermement. Sa foi
était un acte de vertu et non un raisonnement.
Elle la regardait comme un don de Dieu reçu des
mains de sa mère, et qu'il eût été coupable d'exa-
miner et de laisser emporter au vent du chemin.
Plus tard, toutes les voluptés de la prière, toutes
les larmes de l'admiration, toutes les effusions de
son cœur, toutes les sollicitudes de sa vie et toutes
les espérances de son immortalité s'étaient tellement identifiées avec sa foi qu'elles en faisaient,
pour ainsi dire, partie dans sa pensée, et qu'en
perdant ou en altérant sa croyance, elle aurait cru
perdre à la fois son innocence, sa vertu, ses
amours et ses bonheurs ici-bas, et ses gages de
bonheur plus haut, sa terre et son ciel enfin!
Aussi y tenait-elle comme à son ciel et à sa terre.
Et puis elle était née pieuse comme on naît poëte;
la piété, c'était sa nature; l'amour de Dieu, c'é-
tait sa passion! Mais cette passion, par l'immen-
sité de son objet et par la sécurité même de sa
jouissance, était sereine, heureuse et tendre
comme toutes ses autres passions.

Cette piété était la part d'elle-même qu'elle désirait le plus ardemment nous communiquer. Faire de nous des créatures de Dieu en esprit et en vérité, c'était sa pensée la plus maternelle. A cela encore elle réussissait sans systèmes et sans efforts et avec cette merveilleuse habileté de la nature qu'aucun artifice ne peut égaler. Sa piété, qui découlait de chacune de ses inspirations, de chacun de ses actes, de chacun de ses gestes, nous enveloppait, pour ainsi dire, d'une atmosphère du ciel ici-bas. Nous croyions que Dieu était derrière elle et que nous allions l'entendre et le voir, comme elle semblait elle-même l'entendre et le voir et converser avec lui à chaque impression du jour. Dieu était pour nous comme l'un d'entre nous. Il était né en nous avec nos premières et nos plus indéfinissables impressions. Nous ne nous souvenions pas de ne l'avoir pas connu; il n'y avait pas un premier jour où on nous avait parlé de lui. Nous l'avions toujours vu en tiers entre notre mère et nous. Son nom avait été sur nos lèvres avec le lait maternel, nous avions appris à parler en le balbutiant. A mesure que nous avions grandi, les actes qui le rendent présent et même sensible à l'âme s'étaient accomplis vingt fois par jour sous nos yeux. Le matin, le soir, avant, après nos repas, on nous avait fait faire de courtes prières. Les genoux de notre mère avaient été longtemps notre autel familier. Sa figure rayonnante était toujours voilée à ce moment d'un recueillement respectueux et un peu solennel, qui nous avait imprimé à nous mêmes le sentiment de la gravité de l'acte qu'elle nous inspirait. Quand elle avait prié avec nous et sur nous, son beau visage devenait plus doux et plus attendri encore. Nous sentions qu'elle avait communiqué avec sa force et avec sa joie pour nous en inonder davantage.

V

Toutes nos leçons de religion se bornaient pour elle à être religieuse devant nous et avec nous. La perpétuelle effusion d'amour, d'adoration et de reconnaissance qui s'échappait de son âme était sa seule et naturelle prédication. La prière, mais la prière rapide, lyrique, ailée, était associée aux moindres actes de notre journée. Elle s'y mêlait si à propos qu'elle était toujours un plaisir et un rafraîchissement, au lieu d'être une obligation et une fatigue. Notre vie était entre les mains de cette femme un *sursùm corda* perpétuel. Elle s'élevait aussi naturellement à la pensée de Dieu que la plante s'élève à l'air et à la lumière. Notre mère, pour cela, faisait le contraire de ce qu'on fait ordinairement. Au lieu de nous commander une dévotion chagrine qui arrache les enfants à leurs jeux ou à leur sommeil pour les forcer à prier Dieu, et souvent à travers leur répugnance et leurs larmes, elle faisait pour nous une fête de l'âme de ces courtes invocations auxquelles elle nous conviait en souriant. Elle ne mêlait pas nos prières à nos larmes, mais à tous les petits événements heureux qui nous survenaient pendant la journée. Ainsi, quand nous étions réveillés dans nos petits lits, que le soleil si gai du matin étincelait sur nos fenêtres, que les oiseaux chantaient sur nos rosiers ou dans leurs cages, que les pas des serviteurs résonnaient depuis longtemps dans la maison et que nous l'attendions elle-même impatiemment pour nous lever, elle montait, elle entrait, le visage toujours rayonnant de bonté, de tendresse et de douce joie; elle nous embrassait dans nos lits; elle nous aidait à nous habiller; elle écoutait ce joyeux petit ramage d'enfants dont l'imagination rafraîchie gazouille au réveil, comme un nid d'hirondelles gazouille sur le toit quand la mère approche; puis elle nous disait : « A qui « devons-nous ce bonheur dont nous allons jouir « ensemble? C'est à Dieu, c'est à notre père cé- « leste. Sans lui, ce beau soleil ne se serait pas « levé; ces arbres auraient perdu leurs feuilles; « les gais oiseaux seraient morts de faim et de « froid sur la terre nue, et vous, mes pauvres « enfants, vous n'auriez ni lit, ni maison, ni jar- « din, ni mère pour vous abriter et vous nourrir, « vous réjouir toute votre saison! Il est bien « juste de le remercier pour tout ce qu'il nous « donne avec ce jour, de le prier de nous donner

« beaucoup d'autres jours pareils. » Alors elle se
mettait à genoux devant notre lit, elle joignait
nos petites mains, et souvent en les baisant, dans
les siennes, elle faisait lentement et à demi-voix
la courte prière du matin que nous répétions avec
ses inflexions et ses paroles.

Le soir, elle n'attendait pas que nos yeux, ap-
pesantis par le sommeil, fussent à demi fermés
pour nous faire balbutier, comme en rêve, les paroles qui retardaient péniblement pour nous
l'heure du repos ; elle réunissait au salon, aussitôt
après le souper, les domestiques et même les
paysans des hameaux les plus voisins et les plus
amis de la maison. Elle prenait un livre de
pieuses instructions chrétiennes pour le peuple ;
elle en lisait quelques courts passages à son rus-
tique auditoire. Cette lecture était suivie de la
prière qu'elle lisait elle-même à haute voix, ou
que mes jeunes sœurs disaient à sa place quand
elles furent plus âgées. J'entends d'ici le refrain
de ces litanies monotones qui roulait sourdement
sous les poutres et qui ressemblait au flux et au
reflux régulier des vagues du cœur venant battre
les bords de la vie et les oreilles de Dieu.

L'un de nous était toujours chargé de dire à
son tour une petite prière pour les voyageurs,
pour les pauvres, pour les malades, pour quelque besoin particulier du village ou de la maison.
En nous donnant ainsi un petit rôle dans l'acte
sérieux de la prière, elle nous y intéressait en
nous y associant, et nous empêchait de la prendre
en froide habitude, en vaine cérémonie ou même

en dégoût. Outre ces deux prières presque publiques, le reste de la journée avait encore de fréquentes et irrégulières élévations de nos âmes d'enfants vers Dieu. Mais ces prières, nées de la circonstance dans le cœur et sur les lèvres de notre mère, n'étaient que des inspirations du moment; elles n'avaient rien de régulier ni de fatigant pour nous. Au contraire, elles complétaient et consacraient, pour ainsi dire, chacune de nos impressions et de nos jouissances.

Ainsi, quand un frugal repas, mais délicieux pour nous, était servi sur la table, notre mère, avant de s'asseoir et de rompre le pain, nous faisait un petit signe que nous comprenions. Nous suspendions une demi-minute l'impatience de notre appétit, pour prier Dieu de bénir la nourriture qu'il nous donnait. Après le repas et avant d'aller jouer, nous lui rendions grâce en quelques mots. Si nous partions pour une promenade lointaine et vivement désirée par une belle matinée d'été, notre mère, en partant, nous faisait faire tout bas, et sans qu'on s'en aperçût, une courte invocation intérieure à Dieu, pour qu'il bénît cette grande joie et nous préservât de tout accident. Si la course nous conduisait devant quelque spectacle sublime ou gracieux de la nature, nouveau pour nous, dans quelque grande et sombre forêt de sapins où la solennité des ténèbres, les jaillissements de clarté à travers les rameaux, ébranlaient nos jeunes imaginations; devant une belle nappe d'eau roulant en cascade et nous éblouissant d'écume, de mouvement et de bruit;

si un beau soleil couchant groupait sur la montagne des nuages d'une forme et d'un éclat inusités, et faisait en pénétrant sous l'horizon de magnifiques adieux à ce petit coin du globe qu'il venait d'illuminer; notre mère manquait rarement de profiter de la grandeur ou de la nouveauté de nos impressions pour nous faire élever notre âme à l'auteur de toutes ces merveilles, et pour nous mettre en communication avec lui par quelques soupirs lyriques de sa perpétuelle adoration.

Combien de fois, les soirs d'été, en se promenant avec nous dans la campagne où nous ramassions des fleurs, des insectes, des cailloux brillants dans le lit du ruisseau de Milly, ne nous faisait-elle pas asseoir à côté d'elle, au pied d'un saule, et, le cœur débordant de son pieux enthousiasme, ne nous entretenait-elle pas un moment du sens religieux et caché de cette belle création qui ravissait nos yeux et nos cœurs! Je ne sais pas si ces explications de la nature, des éléments, de la vertu des plantes, de la destination des insectes étaient bien selon la science. Elle les prenait dans Pluche, Buffon, Bernardin de Saint-Pierre; mais, s'il n'en sortait pas des systèmes irréprochables de la nature, il en sortait un immense sentiment de la Providence et une religieuse bénédiction de nos esprits à cet océan infini des sagesses et des miséricordes de Dieu.

Quand nous étions bien attendris par ces sublimes commentaires et que nos yeux commençaient à se mouiller d'admiration, elle ne laissait pas

s'évaporer ces douces larmes au souffle des dis-
tractions légères et des pensées mobiles ; elle se
hâtait de tourner tout cet enthousiasme de la
contemplation en tendresse. Quelques versets
des psaumes qu'elle savait par cœur, appropriés
aux impressions de la scène, tombaient avec componction de ses lèvres. Ils donnaient un sens
pieux à toute la terre et une parole divine à tous
nos sentiments.

En rentrant, elle nous faisait presque toujours
passer devant les pauvres maisons des malades ou
des indigents du village. Elle s'approchait de
leurs lits, elle leur donnait quelques conseils et
quelques remèdes. Elle puisait ses ordonnances
dans Tissot ou dans Buchan, ces deux médecins
populaires. Elle faisait de la médecine son étude
assidue pour l'appliquer aux indigents. Elle avait
des vrais médecins le génie instinctif, le coup
d'œil prompt, la main heureuse. Nous l'aidions
dans ses visites quotidiennes L'un de nous portait la charpie et l'huile aromatique pour les
blessés ; l'autre, les bandes de linge pour les
compresses. Nous apprenions ainsi à n'avoir aucune de ces répugnances qui rendent plus tard
l'homme faible devant la maladie, inutile à ceux
qui souffrent, timide devant la mort. Elle ne
nous écartait pas des plus affreux spectacles de
la misère, de la douleur et même de l'agonie. Je
l'ai vue souvent debout, assise ou à genoux au
chevet de ces grabats des chaumières, ou dans
les étables où les paysans couchent quand ils sont
vieux et cassés, essuyer de ses mains la sueur

froide des pauvres mourants, les retourner sous leurs couvertures, leur réciter les prières du dernier moment, et attendre patiemment des heures entières que leur âme eût passé à Dieu, au son de sa douce voix.

Elle faisait de nous aussi les ministres de ses aumônes. Nous étions sans cesse occupés, moi surtout comme le plus grand, à porter au loin, dans les maisons isolées de la montagne, tantôt un peu de pain blanc pour les femmes en couches, tantôt une bouteille de vin vieux et des morceaux de sucre, tantôt un peu de bouillon fortifiant pour les vieillards épuisés faute de nourriture. Ces petits messages étaient même pour nous des plaisirs et des récompenses. Les paysans nous connaissaient à deux ou trois lieues à la ronde. Ils ne nous voyaient jamais passer sans nous appeler par nos noms d'enfant qui leur étaient familiers, sans nous prier d'entrer chez eux, d'y accepter un morceau de pain, de lard ou de fromage. Nous étions, pour tout le canton, les fils de la *dame*, les envoyés de bonnes nouvelles, les anges de secours pour toutes les misères abandonnées des gens de la campagne. Là où nous entrions, entrait une providence, une espérance, une consolation, un rayon de joie et de charité. Ces douces habitudes d'intimité avec tous les malheureux et d'entrée familière dans toutes les demeures des habitants du pays avaient fait pour nous une véritable famille de tout ce peuple des champs. Depuis les vieillards jusqu'aux petits enfants, nous connaissions tout ce petit monde par

son nom. Le matin, les marches de pierre de la
porte d'entrée de Milly et le corridor étaient toujours assiégés de malades ou de parents des malades qui venaient chercher des consultations
auprès de notre mère. Après nous, c'était à cela
qu'elle consacrait ses matinées. Elle était toujours occupée à faire quelques préparations mé-
dicinales pour les pauvres, à piler des herbes, à
faire des tisanes, à peser des drogues dans de
petites balances, souvent même à panser les bles-
sures ou les plaies les plus dégoûtantes. Elle
nous employait, nous l'aidions selon nos forces à
tout cela. D'autres cherchent l'or dans ces alam-
bics ; notre mère n'y cherchait que le soulage-
ment des infirmités des misérables, et plaçait
ainsi bien plus haut et bien plus sûrement dans
le ciel l'unique trésor qu'elle ait jamais désiré
ici-bas : les bénédictions des pauvres et la volonté de Dieu.

Quand tout ce tracas du jour se taisait enfin,
que nous avions dîné, que les voisins qui venaient quelquefois en visite s'étaient retirés, et que
l'ombre de la montagne, s'allongeant sur le petit
jardin, y versait déjà le crépuscule de la journée
qui allait finir, ma mère se séparait un moment
de nous. Elle nous laissait, soit dans le petit salon, soit au coin du jardin, à distance d'elle. Elle
prenait enfin son heure de repos et de méditation
à elle seule. C'était le moment où elle se recueil-
lait, avec toutes ses pensées rappelées à elle et
tous ses sentiments extravasés de son cœur pendant le jour, dans le sein de Dieu où elle aimait

tant à se replonger. Nous connaissions, tout jeunes que nous étions, cette heure à part qui lui
était réservée entre toutes les heures. Nous nous
écartions tout naturellement de l'allée de jardin
où elle se promenait, comme si nous eussions
craint d'interrompre ou d'entendre les mysté-
rieuses confidences d'elle à Dieu et de Dieu à elle !
C'était une petite allée de sable jaune tirant sur
le rouge, bordée de fraisiers, entre des arbres
fruitiers qui ne s'élevaient pas plus haut que sa
tête. Un gros bouquet de noisetiers était au bout
de l'allée d'un côté, un mur de l'autre. C'était le
site le plus désert et le plus abrité du jardin. C'est
pour cela qu'elle le préférait, car ce qu'elle voyait
dans cette allée était en elle et non dans l'horizon
de la terre. Elle y marchait d'un pas rapide,
mais très-régulier, comme quelqu'un qui pense
fortement, qui va à un but certain, et que l'enthousiasme soulève en marchant. Elle avait ordinairement la tête nue ; ses beaux cheveux noirs à
demi livrés au vent, son visage un peu plus grave
que le reste du jour, tantôt légèrement incliné
vers la terre, tantôt relevé vers le ciel où ses regards semblaient chercher les premières étoiles
qui commençaient à se détacher du bleu de la
nuit dans le firmament. Ses bras étaient nus à
partir du coude ; ses mains étaient tantôt jointes
comme celles de quelqu'un qui prie, tantôt libres
et cueillant par distraction quelques roses ou
quelques mauves violettes, dont les hautes tiges
croissaient au bord de l'allée. Quelquefois ses
lèvres étaient entr'ouvertes et immobiles, quel-

quefois fermées et agitées d'un imperceptible
mouvement, comme celles de quelqu'un qui parle
en rêvant.

Elle parcourait ainsi pendant une demi-heure,
plus ou moins, selon la beauté de la soirée, la
liberté de son temps ou l'abondance de l'inspiration intérieure, deux ou trois cents fois l'espace
de l'allée. Que faisait-elle ainsi? Vous l'avez de-
viné. Elle vivait un moment en Dieu seul. Elle
échappait à la terre. Elle se séparait volontaire-
ment de tout ce qui la touchait ici-bas, pour aller
chercher dans une communication anticipée avec
le Créateur, au sein même de la création, ce rafraîchissement céleste dont l'âme souffrante a
besoin pour reprendre les forces de souffrir et
d'aimer toujours davantage.

Ce que Dieu disait à cette âme, Dieu seul le
sait; ce qu'elle disait à Dieu, nous le savons à
peu près comme elle. C'étaient des retours pleins
de sincérité et de componction sur les légères
fautes qu'elle avait pu commettre dans l'accom-
plissement de ses devoirs dans la journée; de
tendres reproches qu'elle se faisait à elle-même
pour s'encourager à mieux correspondre aux
grâces divines de sa situation; des remercîments
passionnés à la Providence pour quelques-uns de
ces petits bonheurs qui lui étaient arrivés en
nous: son fils, qui avait annoncé d'heureuses
inclinations; ses filles, qui s'embellissaient sous
ses yeux; son mari, qui, par son intelligence
et son ordre admirables, avait légèrement ac-
cru la petite fortune et le bien-être futur de la

maison; puis les blés qui s'annonçaient beaux ; la
vigne, notre principale richesse, dont les fleurs
bien parfumées embaumaient l'air et promettaient
une abondante vendange; quelques contempla-
tions soudaines, ravissantes de la grandeur du
firmament, de l'armée des astres, de la beauté de
la saison, de l'organisation des fleurs, des insectes, des instincts maternels des oiseaux, dont
on voyait toujours quelques nids respectés par
nous entre les branches de nos rosiers ou de nos
arbustes. Tout cela entasse dans son cœur comme
les prémices sur l'autel, et allumé au feu de son
jeune enthousiasme s'exhalant en regards, en
soupirs, en quelques gestes inaperçus et en versets des Psaumes sourdement murmurés ! Voilà
ce qu'entendaient seulement les herbes, les
feuilles, les arbres et les fleurs dans cette allée
du recueillement.

Cette allée était pour nous comme un sanctuaire
dans un saint lieu, comme la chapelle du jardin
où Dieu lui-même la visitait. Nous n'osions jamais y venir jouer : nous la laissions entièrement
à son mystérieux usage sans qu'on nous l'eût dé-
fendu. A présent encore, après tant d'années que
son ombre seule s'y promène, quand je vais dans
ce jardin, je respecte l'allée de ma mère. Je baisse
la tête en la traversant, mais je ne m'y promène
pas moi-même pour n'y pas effacer sa trace.[1]

Quand elle sortait de ce sanctuaire et qu'elle
revenait vers nous, ses yeux étaient mouillés, son
visage plus serein et plus apaisé encore qu'à l'or-
dinaire. Son sourire perpétuel sur ses gracieuses

lèvres avait quelque chose de plus tendre et de plus amoureux encore. On eût dit qu'elle avait déposé un fardeau de tristesse ou d'adoration, et qu'elle marchait plus légèrement à ses devoirs le reste de la journée.

Cependant j'avançais en âge, j'avais dix ans. Il fallait bien commencer à m'apprendre quelque chose de ce que savent les hommes. Ma mère n'instruisait que mon cœur et ne formait que mes sentiments. Il s'agissait d'apprendre le latin. Le vieux curé d'un village voisin (car la cure de Milly était vendue et l'église fermée) tenait une petite école pour les enfants de quelques paysans aisés. On m'y envoyait le matin. Je portais sur mon dos, dans un sac, un morceau de pain et quelques fruits pour déjeuner avec mes petits camarades. Je portais de plus sous mon bras, comme les autres, un petit fagot de bois ou de ceps de vigne pour alimenter le feu du pauvre curé. Le village de Bussières, où il desservait une petite église, est situé à un quart de lieue du hameau de Milly, au fond d'une charmante vallée dominée d'un côté par des vignes et par des noyers sur des pelouses, s'étendant de l'autre sur de jolis prés qu'arrose un ruisseau et qu'entrecoupent de petits bois de chênes et des groupes de vieux châtaigniers. La cure avec son jardin, sa cour et son puits était cachée au nord derrière les murs de l'église, et tout ensevelie dans l'ombre du large clocher.

Au midi seulement, une galerie extérieure de quelques pas de long, et dont le toit était supporté par des piliers de bois avec leur écorce,

ouvrait sur la cuisine et sur une salle dont le
vieillard avait fait notre salle d'étude. J'entends
d'ici le bruit de nos petits sabots retentissant sur
les marches de pierre qui montaient de la cour
dans cette galerie. Nous venions de Milly cinq à
six enfants tous les jours, quelque temps qu'il fît.
Plus la température était pluvieuse ou froide, plus
le chemin était pour nous amusant à faire et plus
nous le prolongions. Entre Bussières et Milly, il y
a une colline rapide dont la pente, par un sentier
de pierres roulées, se précipite sur la vallée du
presbytère. Ce sentier, en hiver, était un lit épais
de neige ou un glacis de verglas sur lequel nous
nous laissions rouler ou glisser comme font les
bergers des Alpes. En bas, les prés ou le ruisseau
débordé étaient souvent des lacs de glace inter-
rompus seulement par le tronc noir des saules.
Nous avions trouvé le moyen d'avoir des patins,
et, à force de chutes, nous avions appris à nous
en servir. C'est là que je pris une véritable passion pour cet exercice du Nord, où je devins très-
habile plus tard. Se sentir emporté avec la rapidité de la flèche et avec les gracieuses ondulations
de l'oiseau dans l'air, sur une surface plane, bril-
lante, sonore et perfide; s'imprimer à soi-même,
par un simple balancement du corps, et, pour
ainsi dire, par le seul gouvernail de la volonté,
toutes les courbes, toutes les inflexions de la
barque sur la mer ou de l'aigle planant dans le
bleu du ciel, c'était pour moi et ce serait encore,
si je ne respectais pas mes années, une telle ivresse
des sens et un si voluptueux étourdissement de la

pensée que je ne puis y songer sans émotion. Les chevaux même que j'ai tant aimés ne donnent pas au cavalier ce délire mélancolique que les grands lacs glacés donnent aux patineurs. Combien de fois n'ai-je pas fait des vœux pour que l'hiver, avec son brillant soleil froid, étincelant sur les glacés bleues des prairies sans bornes de la Saône, fût éternel comme nos plaisirs!

On conçoit qu'en telle compagnie et par une telle route nous arrivions souvent un peu tard. Le vieux curé ne nous en recevait pas plus mal. Accablé d'âge et d'infirmités, homme du monde autrefois, élégant et riche avant la révolution, tombé dans le dénûment depuis, il avait peu de goût pour la société d'enfants étourdis et bruyants qu'il s'était chargé d'enseigner. Tout ce que le bonhomme voulait de nous, c'était la légère rétribution que la générosité de nos parents ajoutait sans doute au mince casuel de son église. Du reste, il se déchargeait de notre éducation sur un jeune et brillant vicaire qui vivait avec lui dans sa cure, et qu'il traitait en père plus qu'en supérieur. Ce vicaire s'appelait l'abbé Dumont. Le reste de la maison se composait d'une femme déjà âgée, mais belle et gracieuse toujours. C'était la mère du jeune abbé. Elle gouvernait doucement et souverainement le ménage des deux prêtres, aidée par une jolie nièce et un vieux marguillier qui fendait le bois, bêchait le jardin et sonnait la cloche.

L'abbé Dumont n'avait rien du sacerdoce que le dégoût profond d'un état où on l'avait jeté malgré lui, la veille même du jour où le sacer-

doce allait être ruiné en France. Il n'en portait
pas même l'habit. Tous ses goûts étaient ceux
d'un gentilhomme ; toutes ses habitudes étaient
celles d'un militaire ; toutes ses manières étaient
celles d'un homme du grand monde. Beau de
visage, grand de taille, fier d'attitude, grave et
mélancolique de physionomie, il parlait à sa mère
avec tendresse, au curé avec respect, à nous
avec dédain et supériorité. Toujours entouré de
trois ou quatre beaux chiens de chasse, ses compagnons assidus, dans la chambre comme dans
les forêts, il s'occupait plus d'eux que de nous.
Deux ou trois fusils luisants de propreté et déco-
rés de plaques d'argent brillaient au coin de la
cheminée ; des fourniments de poudre, des balles,
du gros plomb de chasse étaient épars çà et là
sur toutes les tables. Il tenait ordinairement à la
main un grand fouet de cuir à manche d'ivoire,
terminé par un sifflet pour rappeler ses chiens
dans les montagnes. On voyait plusieurs sabres
et des couteaux de chasse suspendus aux murs,
et de grandes bottes à l'écuyère, armées de longs
éperons d'argent, se dressaient toutes vernies et
toutes cirées dans les coins de l'appartement. On
sentait à son air, au son mâle et ferme de sa
voix, et à cet ameublement, que son caractère
naturel se vengeait par le costume du contre-
sens de sa nature et de son état.

Il était instruit, et beaucoup de livres épars
sur les chaises attestaient en lui des goûts litté-
raires. Mais ces livres étaient, comme les meubles, très-peu canoniques. C'étaient des volumes

de Raynal, de J.-J. Rousseau, de Voltaire, des
romans de l'époque ou des brochures et des jour-
naux contre-révolutionnaires. Car, bien qu'il fut
très-peu ecclésiastique, l'abbé Dumont était très-
royaliste. Sa cheminée était couverte de bustes et
de gravures représentant l'infortuné Louis XVI,
la reine, le Dauphin, les illustres victimes de la
révolution. Toute cette haine pour la révolution
et toute cette philosophie dont la révolution avait
été la conséquence se conciliaient très-bien alors,
dans la plupart des hommes de cette époque. La
révolution avait satisfait leurs doctrines et ren-
versé leur situation. Leur âme était un chaos
comme la société nouvelle : ils ne s'y reconnais-
saient plus.

On juge aisément, sur un pareil portrait,
qu'entre un vieillard infirme qui se chauffait au
feu de la cuisine tout le jour et un jeune homme
impatient d'action et de plaisir, qui comptait
comme autant d'heures de supplice les heures
qu'il retranchait pour nous de la chasse, notre
instruction ne pouvait pas s'étendre rapidement.
Aussi se borna-t-elle, pendant l'année toute entière, à nous apprendre deux ou trois déclinai-
sons de mots latins dont nous ne comprenions
même que la désinence. Le reste consistait à pa-
tiner l'hiver, à nager l'été dans les écluses des
moulins, et à courir les noces et les fêtes des villages voisins, où l'on nous donnait les gâteaux
d'usage dans ces circonstances et où nous tirions
les innombrables coups de pistolet qui sont partout le signe de réjouissances.

Je parlais le patois comme ma langue naturelle,
et personne ne savait par cœur mieux que moi les
chansons traditionnelles si naïves que l'on chante,
la nuit, dans nos campagnes, sous la fenêtre de
chambre ou à la porte de l'étable où couche la
fiancée.

Mais cette vie entièrement paysanesque, et cette
ignorance absolue de ce que les autres enfants
savent à cet âge, n'empêchait pas que, sous le
rapport des sentiments et des idées, mon éducation familière, surveillée par ma mère, ne fît de
moi un des esprits les plus justes, un des cœurs
les plus aimants et un des enfants les plus do-
ciles que l'on pût désirer. Ma vie était composée
de liberté, d'exercices vigoureux et de plaisirs
simples, mais non de dérèglements dangereux.
On savait très-bien, à mon insu, me choisir mes
camarades et mes amis parmi les enfants des familles les plus honnêtes et les plus irréprochables
du village. Quelques-uns des plus âgés avaient,
jusqu'à un certain point, la responsabilité de
moi. Je ne recevais ni mauvais exemples ni mauvais conseils parmi eux. Le respect et l'amour
que tout ce peuple avait pour mon père et pour
ma mère rejaillissaient sur moi, tant le pays m'é-
tait comme une famille dont j'étais, pour ainsi
dire, l'enfant commun et de prédilection.

Je n'aurais jamais songé à désirer une autre
vie que celle-là. Ma mère, qui craignait pour moi
le danger des éducations publiques, aurait voulu
prolonger éternellement aussi cette heureuse enfance. Mais mon père et ses frères, dont j'aurai à

parler bientôt, voyaient avec inquiétude que j'allais toucher à ma douzième année dans quelques mois, bientôt à l'adolescence, et que l'âge viril me surprendrait dans une trop grande infériorité d'instruction et de discipline avec les hommes de mon âge ét de ma condition. Ils s'en alarmaient tout haut. J'entendais, à ce sujet, des représentations vives à ma pauvre mère. Elle pleurait souvent. L'orage passait et se brisait contre l'imperturbabilité de sa tendresse et contre l'énergie de sa volonté si flexible et pourtant si constante. Mais l'orage revenait tous les jours.

L'aîné de mes oncles était un homme d'autrefois; il était bon, mais il n'était nullement tendre. Élevé dans la rude et stricte école de la vie militaire, il ne concevait que l'éducation commune. Il voulait que l'homme fût formé par le contact des hommes; il craignait que cette tendresse de mère interposée toujours entre l'enfant et les réalités de la vie n'énervât trop la virilité du caractère. De plus, il était fort instruit, savant même et écrivain. Il voyait bien que je n'apprendrais jamais rien dans la maison de mon père qu'à bien vivre et à vivre heureux. Il voulait davantage.

Mon père, plus indulgent par sa nature et plus influencé par les idées maternelles, ne se serait pas décidé de lui-même à m'exiler de Milly; mais la persistance de mes oncles l'emporta. Ils étaient les rois de la famille et ses oracles, à peu près comme le bailli de Mirabeau dans la famille de ce grand homme. L'avenir de la famille était

entre les mains de cet oncle, car il gouvernait ses
frères et ses sœurs. Il n'était point marié ; il
fallait le ménager. Son empire un peu despotique,
comme l'était alors l'autorité d'un chef de maison, s'exerçait avec une souveraineté fortifiée par
son mérite distingué et par la considération dont
il était investi. Par prudence et par amour pour
ses enfants, ma mère céda. Mon arrêt fut porté,
non sans bien des temporisations et bien des larmes.

On chercha longtemps un collége où les principes religieux, si chers à ma mère, fussent asso-
ciés à un enseignement fort et à un régime
paternel. On crut avoir trouvé tout cela dans une
maison d'éducation célèbre alors à Lyon. Ma
mère m'y conduisit elle-même. J'y entrai comme
le condamné à mort entre dans son dernier ca-
chot. Les faux sourires, les hypocrites caresses
des maîtres de cette pension, qui voulaient imi-
ter le cœur d'un père pour de l'argent, ne m'en
imposèrent pas. Je compris tout ce que cette tendresse de commande avait de vénal. Mon cœur se
brisa pour la première fois de ma vie, et quand
la grille de fer se referma entre ma mère et moi,
je sentis que j'entrais dans un autre monde et que
la lune de miel de mes premières années était
écoulée sans retour.

www.ingramcontent.com/pod-product-compliance
Lightning Source LLC
Chambersburg PA
CBHW052138090426

42741CB00009B/2131